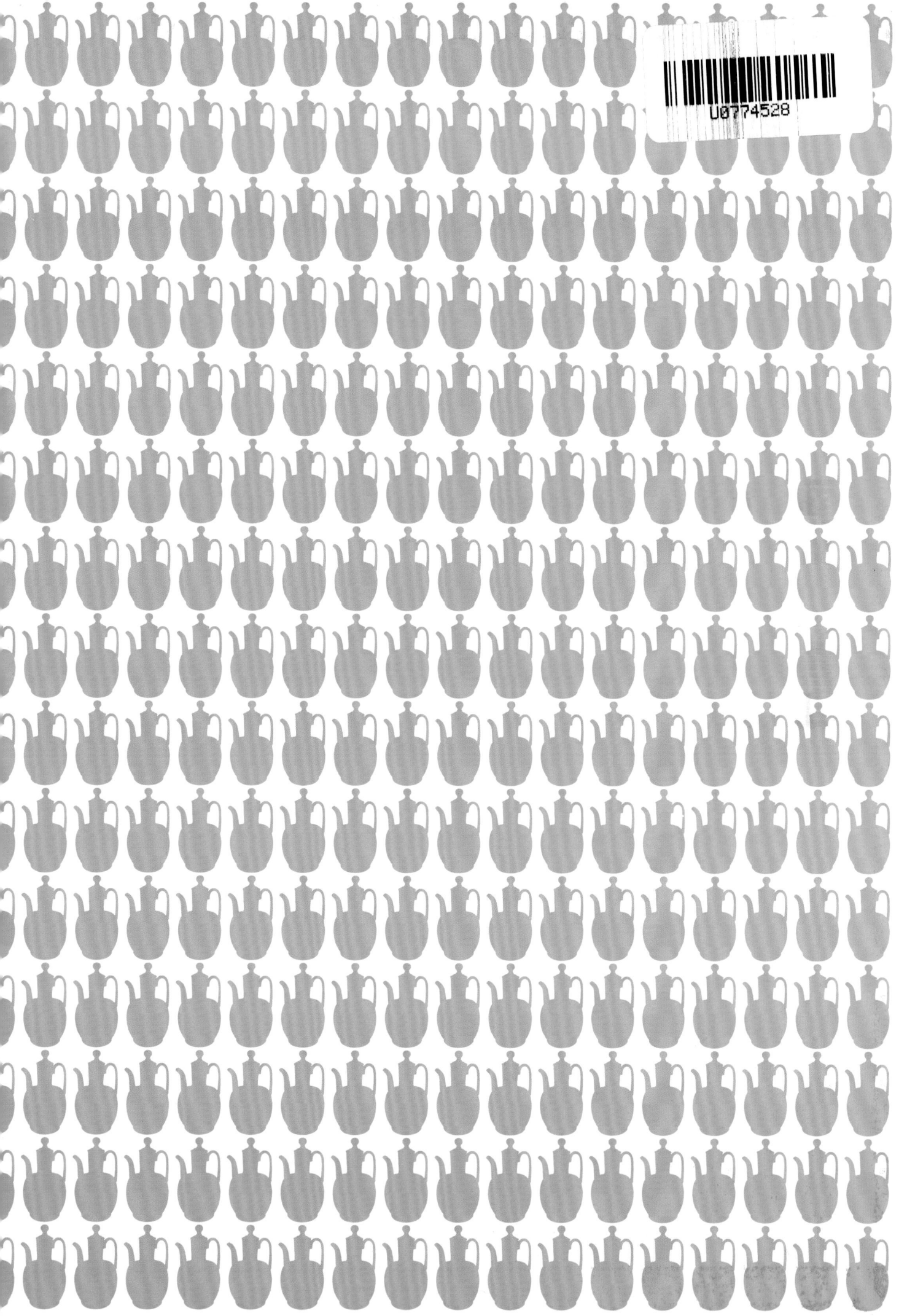

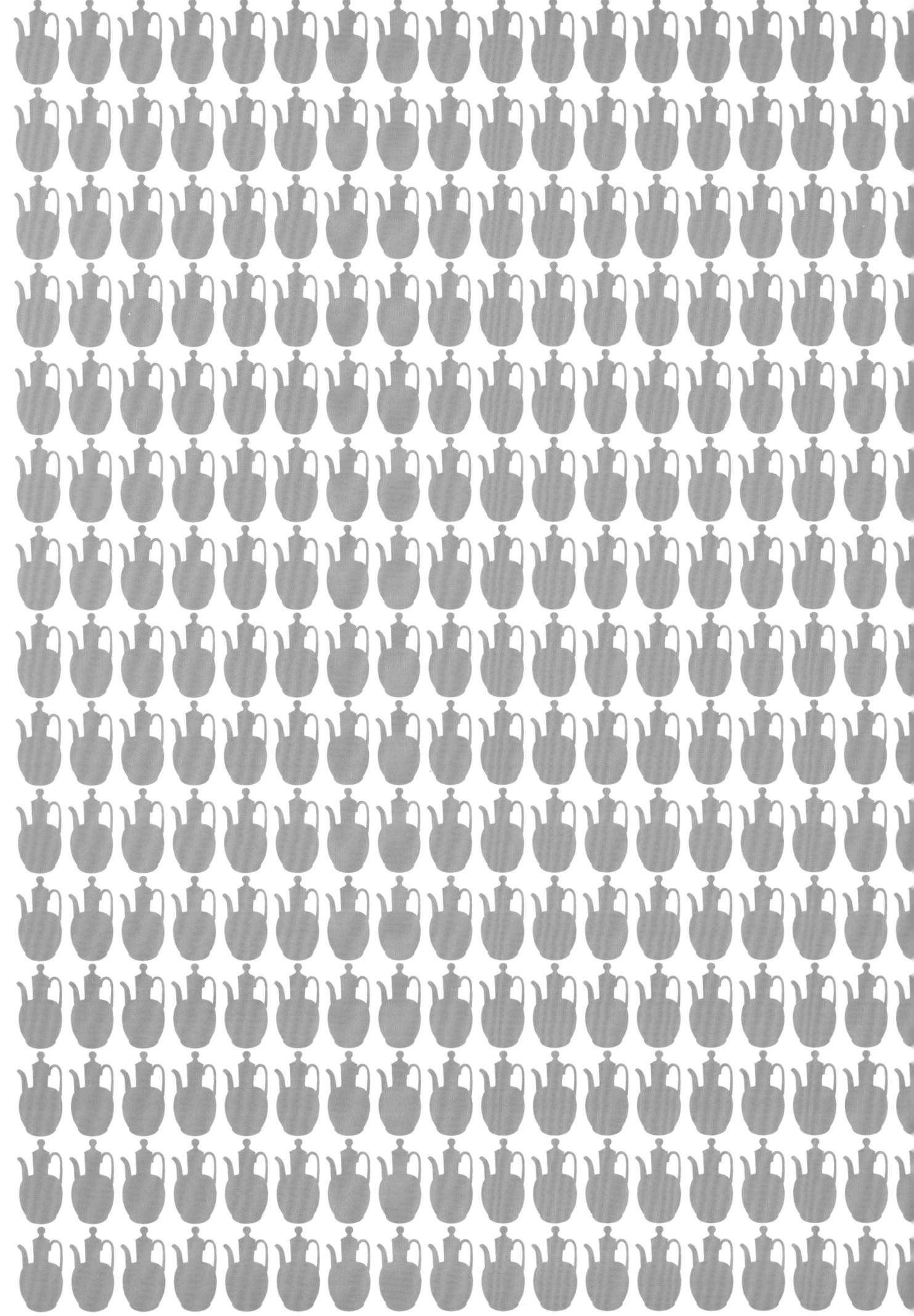

中国紫砂名壶

公元一三六八年至公元一九四八年

岩泉 著

中国轻工业出版社

作者简介

刘心保

曾用名刘兴宝,字林耕,号岩泉。中共党员,经济师,大学文化。1945年2月出生,湖北随州人,祖籍江西。

1992年至2005年任湖北省随州市人民政府驻上海办事处主任。此间,曾兼任《人民日报》社、英文《中国日报》社、日文《人民中国》杂志社的华东地区广告代理总经理。

长期以来,潜心研习中国明、清、民国早期紫砂茗壶制作名人和中国闲章名印的制作名人,并收藏名壶、名印和中国玉雕名件。

2014年,上海电视台分别以"紫砂情怀""古印收藏"为题,摄制两档专题纪实连播。上海《新民晚报》《劳动报》《浦东时报》,以及浦东电视台等二十余家媒体分别进行了采访报导。被誉为"艺海泛舟功夫深"的海派收藏家。

前　言

中国明代、清代、民国时期的紫砂名壶，能潇洒健康地活到今天，靠的是什么呢？

第一，名壶制作的立意。无论是几何体、表面光素的光货，浮雕、半浮雕仿动植物形象的花货，还是将类似南瓜棱、菊花瓣等曲面转换成上下对应、线条流畅的筋囊货，通过作者的深思熟虑，都会有一个深层次寓意和向你诉说的鲜明主题思想，引人入胜。

第二，名壶的造型。明代时大彬，清代陈鸣远，惠孟臣，杨彭年，陈曼生，邵大亨，黄玉麟等人。做出的仿青铜器型、古钟型、九龙戏珠型、布币型、鱼化龙等器型，不断地推陈出新所带来的良好视觉冲击，似一幅画、一首歌、一个动人故事的叠加共振，铸就了前无古人、后少来者的型制辉煌。

第三，名壶原本规范的用泥。明清时期的名师们，能将紫泥、绿泥和红泥原泥进行合理有效的调配，达到烧成后"紫而不姹、红而不嫣、绿而不嫩、黄而不娇、灰而不暗、黑而不墨"的标准成色。紫砂矿研磨保持在20～70目，密而粗的气孔透气量，造就茶泡三天而不馊的奇特功能。这些都是秘而不宣的。

第四，名壶的文化涵量。随着名壶装饰工艺的发展，文人、雅士以刀代笔的推崇和参与，使名壶陶刻集诗词、书画、篆刻、雕塑于一身。"壶以字贵，字随壶传"，成了凝结艺术的精粹，凝聚了文人、茶人与紫砂艺人们的共同心灵，创造了灿烂的中国文化的新"雅趣"。

第五，民间藏壶者对名壶舍而不丢、丢而不舍的珍惜。在家庭传承、作坊生产的条件下，名壶于明代正德年间开始兴盛。万历年间，出现名匠辈出、争奇斗胜的繁荣局面。至清代中晚期、民国早期，才有规模不等的生产堂号。名壶的制品总量是极其有限的。相比瓷器，成名较晚，官方馆藏量少。北京故宫博物院收藏紫砂壶，明代3只、清代78只，而古代陶瓷器有35万件之多。由此可见一斑。

第六，名壶的难以仿制。由于紫砂名壶属有孔透气的无釉陶器，在空气中容易产生较强的吸潮力，随时间推移、季节变换，尘埃会一刻不停地弥漫其身，形成褪尽铅华的特有年代感的尊容颜值。这也赋予了中国明、清、民国时期紫砂名壶不可再生的天然宿命。

第七，名壶的现实价值。2016年5月，清代陈鸣远制南瓜壶，拍卖成交3200万元，是中国明、清、民国时期紫砂名壶真实的文献价值、历史价值以及艺术价值的综合体现。

中国紫砂壶已入中国非物质文化遗产首批目录。本书仅以明代33只、清代138只、民国29只紫砂名壶，同2014年上海电视台为本人摄制的《紫砂情怀》影视专题片一起，以飨广大读者。

辛丑年春节

岩泉

于上海文藏阁

目 录

明代篇

供春 猴耍桃林壶 8
元畅 福满天下壶 9
赵梁制 金钵三足壶 10
李茂林造 束竹太极提梁壶 11
大明宣德年制 仿青铜器 鬲形壶 12
陈仲美造 福临门壶 13
邵文银 汉扁壶 14
陈仲美造 六方壶 15
陈用卿 仿春秋青铜器 钟形壶 16
时大彬制 万象更新壶 17
时大彬制 六楞梨形壶 18
时大彬制 福到眼前壶 19
李仲芳制 蟠龙佑天壶 20
欧正春造 福寿壶 21
欧正春造 扁菱花壶 22
欧正春造 福寿提梁壶 23
欧正春造 朝天吼 保温壶 24
时鹏 仿青铜器 鼎形壶 25
邵文银制 三阳开泰壶 26
元畅 天圆地方壶 27
大彬 福禄双全倒装壶 28
徐友泉 扁石壶 29
赵梁制 透雕四方来财壶 30
欧正春造 狮钮提梁壶 31
时朋 大明正德年制 六方壶 32
沈君盛 何仙姑壶 33
陈用卿制 僧帽壶 34
大明宫廷御制 树瘿提梁壶 35
时鹏 龙船壶 36
时大彬制 狮钮寿壶 37
时大彬制 八仙过海 保温壶 38
邵亨祥造 圆囊壶 39
邵亨祥造 双狮戏绣球壶 40

清代篇

陈砚卿制 虎威天下壶 41
谦六造 荷花仙子壶 42
大清乾隆年制 鱼化龙壶 43
荆溪凌万兴制 观音坐禅 荷花壶 44
大清宫廷监制 一路高攀提梁壶 45
陈光明制 方圆相济壶 46
邵景南制 吉祥壶 47
荆溪惠孟臣制 和和美美壶 48
陈鸣远 自强不息壶 49
陈曼生制 珐琅彩绘 吉祥对壶 50
杨彭年造 珐琅彩绘 软提梁壶 51
杨凤年造 牡丹富贵壶 52
陈鸣远 纳富合欢壶 53
王南林制 镶玉圆扁壶 54
陈鸣远 悟空尝桃 硬提梁壶 55
陈鸣远制 扭转乾坤壶 56
大清宫廷监造 福满天下壶 57

阿曼陀室 束竹壶 …… 58	邵友廷 盘春壶 …… 85
王南林制 福禄壶 …… 59	黄玉麟作 高执壶 …… 86
阿曼陀室 环环相扣壶 …… 60	陈正酉制 圆台壶 …… 87
黄玉麟作 万象回春壶 …… 61	陈鸣远制 竹节壶 …… 88
黄玉麟作 龙九子壶 …… 62	阿曼陀室 井栏壶 …… 89
何心舟制 一瓢舀尽壶 …… 63	大清乾隆年制 珐琅彩绘文旦壶 …… 90
邵友廷造 浮雕九龙戏珠壶 …… 64	八三老人邵盘珍制 寿星壶 …… 91
陈子畦 福在眼前壶 …… 65	陈正酉制 玉韵壶 …… 92
邵景南制 泥绘牡丹壶 …… 66	谦六造 珐琅彩绘高执壶 …… 93
邵旭茂制 狮钮圆壶 …… 67	邵友廷造 圆浮雕九龙戏珠壶 …… 94
清德堂 玉环壶 …… 68	何心舟 泥绘圆壶 …… 95
清德堂 树瘿壶 …… 69	大清乾隆年制 圆浮雕龙凤呈祥壶 …… 96
荆溪人家 八方来财壶 …… 70	逸公 高虚扁壶 …… 97
黄玉麟作 软提梁壶 …… 71	杨忠纳制 藏龙卧虎壶 …… 98
滕县知县 "扬州八怪"李鱓壶 …… 72	陈鸣远 玄武壶 …… 99
愙斋 镶玉腰鼓壶 …… 73	鸣远制陶 仿春秋青铜器壶 …… 100
陈鸣远 梨形壶 …… 74	邵友廷制 仿春秋布币壶 …… 101
八十三老人邵盘珍造 文旦壶 …… 75	邵旭茂制 香炉壶 …… 102
陈鸣远 虚扁壶 …… 76	何心舟 虚扁壶 …… 103
邵景南制 金蟾钮 汲直壶 …… 77	陈鸣远 满浮雕二龙戏珠壶 …… 104
咸丰御制 带底座柱础壶 …… 78	鸣远 蜂巢壶 …… 105
履泰字号 僧帽壶 …… 79	陈鸣远 羊首蟠龙茶盏 …… 106
王南林制 汉扁壶 …… 80	邵景南制 汉扁壶 …… 107
冰心道人 如意壶 …… 81	陈鸣远 满浮雕金龙戏珠壶 …… 108
冰心道人 大石瓢壶 …… 82	邵景南制 钟形壶 …… 109
潘富鼎制 珐琅彩绘六方壶 …… 83	陈鸣远 双凤朝阳壶 …… 110
阿曼陀室 金钵壶 …… 84	邵友泉 披肩平口壶 …… 111

华凤祥造 柱础壶 …… 112	大清乾隆年制 空穴来财壶 …… 142
大清乾隆年制 软提梁橄榄壶 …… 113	陈子畦造 福满乾坤壶 …… 143
山中一古人 梨形壶 …… 114	杨彭年造 九龙戏水壶 …… 144
陈正酉制 弥勒神龛壶 …… 115	陈鸣远 独霸天下布袋壶 …… 145
陈鸣远制 仿春秋青铜器簋形壶 …… 116	大清乾隆年制 八仙壶 …… 146
陈文伯 八卦太极壶 …… 117	冰心道人 树瘿壶 …… 147
陈光明制 仿春秋青铜器壶 …… 118	陈子畦 柱础提梁壶 …… 148
邵大亨 吉祥壶 …… 119	大清乾隆年制 浮雕蓬莱仙境壶 …… 149
陈子畦 软提梁壶 …… 120	陈鸣远制 树瘿壶 …… 150
陈光明制 威震四方壶 …… 121	道光年造 束竹金瓜壶 …… 151
陈鸣远 龙凤呈祥壶 …… 122	康熙御制 珐琅彩绘满福多子壶 …… 152
陈鸣远制 满浮雕蓬莱仙境壶 …… 123	陈文伯 大虚扁壶 …… 153
邵景南制 龙戏海涛壶 …… 124	惠孟臣造 南瓜壶 …… 154
大清宫廷监制 喜气洋洋壶 …… 125	杨彭年造 镶玉壶 …… 155
大清乾隆十五年制 保温壶 …… 126	陈子畦 软提梁壶 …… 156
荆溪华凤翔制 珐琅彩绘壶 …… 127	潘富鼎制 软提梁金瓜壶 …… 157
陈子畦造 福满天下壶 …… 128	冰心道人 梨皮壶 …… 158
陈子畦 寿星壶 …… 129	荆溪陈汉文造 虎啸四方壶 …… 159
大清雍正年制 珐琅彩绘提梁壶 …… 130	大清雍正年制 珐琅彩绘提梁壶 …… 160
杨彭年制 佛光普照山川壶 …… 131	清德堂 荷花仙子壶 …… 161
惠孟臣制 福禄寿壶 …… 132	何心舟 泥绘平口壶 …… 162
潘富鼎制 壶中壶 …… 133	大清乾隆年制 浮雕蓬莱仙境壶 …… 163
华凤祥造 如意壶 …… 134	黄玉麟作 梭形壶 …… 164
茶熟香温 大鹏展翅六方壶 …… 135	孟臣 秋水壶 …… 165
彭年 龙首四足壶 …… 136	大清宫廷监造 五佛擎天壶 …… 166
杨彭年造 镶玉包银壶 …… 137	光绪御制 掇球壶 …… 167
邵大亨 柱础壶 …… 138	黄玉麟作 梅段壶 …… 168
咸丰年制 带底座双狮戏绣球壶 …… 139	荆溪惠孟臣制 君德式壶 …… 169
陈子畦造 朝天吼保温壶 …… 140	冰心道人 描金八仙过海壶 …… 170
邵友廷制 软提梁壶 …… 141	彭年 瓜棱四足壶 …… 171

黄玉麟作 狮钮朱雀壶 172	国良 传炉壶 190
黄玉麟作 古钟壶 173	冯桂林制 合欢壶 191
杨彭年制 金鸡壶 174	桂林 蜂蜜罐壶 192
陈鸣远制 福寿八方壶 175	民国三十年 掇球壶 193
荆溪凌万兴制 龙佑天下壶 176	跂陶 一粒珠壶 194
陈鸣远 万象更新壶 177	贡局 福水长流壶 195
何心舟 春满乾坤壶 178	俞国良制 龙三姐拜寿 保温壶 196
	豫丰 软提梁方壶 197
	贡局 莲子壶 198

民国篇

蒋燕亭制 金鱼戏荷壶 179	吴云根制 绘泥方壶 199
民国十八 花卉纹镂空壶 180	吴云根制 仿青铜器鬲形壶 200
铁画轩制 扁柿壶 181	吴云根制 福禄寿壶 201
吴云根制 高福长寿壶 182	贡局 凹线梨形壶 202
铁画轩制 节节高升壶 183	俞国良制（国际金奖）掇球壶 203
金鼎商标 汉扁壶 184	范大生制 孙中山纪念壶 204
吴顺根 梅段四组合 凤壶 185	大生 梅花傲雪壶 205
吴顺根 梅段四组合 龙壶 186	景舟手制 珐琅彩绘六方壶 206
吴云根制 梭形壶 187	顾景舟 螺形六件套茶具 207
贡局 橄榄壶 188	
贡局 万象回春壶 189	后记 208

供春 猴耍桃林壶
■ 长：17cm　■ 高：10cm　■ 直径：10cm

供春

　　约出生于明代正德元年（1506年），殁于明代嘉靖四十五年（1566年）。江苏宜兴人。供春为明代宜兴籍进士、四川参政吴仕的书童时，在宜兴湖㳇金沙寺中侍读。明代中国早期紫砂专业评论家周高起〔明万历二十四年（1596年）至清顺治二年（1645年）〕，于《阳羡茗壶系》中载："供春于给役之暇，窃仿老僧心匠，亦淘细土抟胚。"自此，供春成为活动于明代成化、弘治年间的"金沙寺僧"，这位"久而逸其名"的紫砂制壶开山鼻祖，在所用技艺的基础上，汲取当地陶工制作缸瓮所用的成型技法创制了新的紫砂壶艺。其制品古朴风雅，如古金铁敦庞周正，极造型之美，被称为茗壶中逸品。明代文学家吴梅鼎〔明崇祯四年（1631年）至清康熙三十九年（1700年）〕，在《阳羡茗壶赋》中赞供春壶云："脱手则光能照面，出冶则资比凝铜。彼新奇兮万变，师造化兮元功，信陶壶之鼻祖，亦天下之良工。"明代国子博士袁宏道〔明隆庆二年（1568年），至明万历三十八年（1610年）〕在随笔《时尚》篇云："近日小技著名者尤多。然皆吴人。瓦瓶如用以盛茶不失原味。供春、时大彬，价至二、三千钱。供春尤称难得，黄质而腻，光滑如玉。"清雍正八年（1730年）殿试状元周澍在《如阳百咏注》中载："台湾郡人，茗皆自煮，最重供春小壶，一具用之数十年，则值金一笏。"正好供春赶上明太祖朱元璋团茶改散茶的诏令迎一百余年来的峰值期，供春紫砂茗壶的出现，引来了文人雅士、达官贵人乃至三教九流的大力推崇，紫砂茗壶一时风靡大江南北，供春随之名扬天下，紫砂茗壶也得以发扬光大。由此，供春迎来了紫艺史上"紫砂鼻祖"的尊誉。

元畅 福满天下壶　　■长：18cm　■高：17cm　■直径：9cm

元畅

生于明代隆庆元年（1567年），殁于明代万历四十七年（1619年）。江苏宜兴人。中国香学大家周嘉胄〔明万历十年（1582年）至清顺治十八年（1661年）〕在《阳羡茗壶图谱》中云："元畅善制砂壶，以古朴著称。"清代著名学者吴骞〔清雍正十一年（1733年）至清嘉庆十八年（1813年）〕在《阳羡名陶录》中载："元畅制紫砂壶，古朴雅致，以古拙见长。"元畅是供春之后，与时鹏、董翰、赵梁齐名的知名紫砂艺人，四人史称"明代紫砂四大家"。是在紫砂界历史上具有引领意义的一代名师。

赵梁制 金钵三足壶　　■ 长：15cm　■ 高：8cm　■ 直径：9cm

赵梁

又作赵良，活动于明代嘉靖、万历年间，生卒年不详。江苏宜兴人。明末清初散文家陈贞慧〔明万历三十二年（1604年）至清顺治十三年（1656年）〕，在《秋园杂佩》中称："赵梁所制茗壶以朴实古拙见长。"赵梁与董翰、时鹏、元畅并称"明代紫砂四大家"。赵梁作品受铜镜外形及青铜器影响非常明显。明式家具简洁、凝重的风格对赵梁制紫砂茗壶的影响也随处可见。他早期的紫砂茗壶，其造型气度浑厚，整体协调匀称，善用筋纹线的变化及开光加强装饰效果，泥质颗粒较粗，有"不务妍媚而朴雅坚栗"的美誉。在明代盛行的道、儒、佛教的社会氛围里，赵梁的作品恰恰反映了当时社会士大夫和民众的审美观与文化观。赵梁是明代早期紫砂壶艺陶艺师，是在紫艺界历史上具有引领意义的一代名师。

李茂林造 束竹太极提梁壶
■ 长：19cm　■ 高：19cm　■ 直径：11cm

李养心

号茂林，活动于明代嘉靖、万历年间，江苏宜兴人，一说江西婺源人。"明代紫砂四大家"（董翰、赵梁、元畅、时鹏）之后的制壶名师。擅作小圆式壶，世称"名玩"，朴实中具妍丽之态。李养心排行第四，故又以"小、圆壶李四老官"得名。明末清初散文家陈贞慧〔明万历三十二年（1604年）至清顺治十三年（1656年）〕，在《秋园杂佩》中称："养心之壶艺在时大彬之上，为供春劲敌，今罕有见者。或沦鼠菌，或重鸡彝，壶亦有幸有不幸哉。"李养心首创匣钵"瓦囊"，把壶坯置于匣钵内烧制，不再与瓦罐陶缸直接接触，壶坯烧制时受到保护，保持原有秀美本色，从此不再沾染釉泪釉斑，使紫砂壶的制作水平提高了一大步。在紫砂制作的历史上，李养心是具有杰出贡献的著名紫砂陶艺大师。

大明宣德年制 仿青铜器 鬲形壶　　■ 长：16cm　■ 高：15cm　■ 直径：11cm

　　东汉至今，瓷陶器向来是"瓷器注窑口，紫砂重名头"，以示其身世和身价。其中只有佛、神人物类的瓷陶圆雕品是既无窑名又无制者名头，是为显示神圣不可逾越的特殊尊严。其实陶艺师们依作品的来由和去向，依然是有序可循的。正如清末北京大学国文系教授许之衡〔清光绪三年（1877年）至民国二十四年（1935年）〕在《饮流斋说瓷》中云："瓷款之堂名、斋名者，大抵分四类，一为帝王，一为亲贵，一为名士而达官者，一为雅匠良工也。""官廷鉴制"印、"御制"印以及"朝代年份"印的紫砂艺术制品，也从来不是一个紫砂陶艺师所能独立完成的。这些拥有高贵头衔的珍贵作品从立意造型到精细制作，都是由当时的达官贵人、文人士大夫们，同一些高知名度的陶塑大师们，绝技智慧共同升华后所产生的艺术结果。同时，也是为后人留下代表当时紫艺水平的一个宝贵典范。

陈仲美造 福临门壶　　■ 长：17cm　■ 高：12cm　■ 直径：11cm

陈仲美

　　活动于明代万历年间，生卒不详，江西婺源人。原在景德镇制瓷，后到宜兴制陶。他的紫砂壶作品别具一格，清代著名学者吴骞〔清雍正十一年（1733年）至清嘉庆十八年（1813年）〕在《阳羡名陶录》中记载陈仲美"好配壶土，意造诸玩，如香盒、花杯、狻猊炉、辟邪、镇纸、重镂叠刻，细极鬼工。壶像花果，缀以草虫。或龙戏海涛，伸爪出目。至塑大士像，庄严慈悯，神采欲生"。从记载中可以看出他是一位很富有创造性的思想者，又是一位把雕塑和紫砂壶艺结合得很成功的陶艺家。难怪后人把他的紫砂壶作品称为"神品"。

邵文银 汉扁壶　　■长：18cm　■高：8 cm　■直径：11cm

邵文银

又名亨裕。生于明代万历七年（1579年），卒于清代顺治四年（1647年）。原籍江西婺源。与邵亨祥（文金）同胞兄弟，都是时大彬的弟子。清代著名学者吴骞〔清雍正十一年（1733年）至清嘉庆十八年（1813年）〕在《桃溪客语》中称："邵文银紫壶制作工致文巧，饶有时门风格。"所制茗壶，为士大夫所珍爱。此壶亲书刻款《邵文银》，尤为珍贵。邵文银是明代紫砂史上继时大彬之后的著名紫砂陶艺家。

陈仲美造 六方壶   ▪ 长：17cm ▪ 高：11cm ▪ 直径：10cm

陈仲美

　　活动于明代万历年间，生卒不详，江西婺源人。原在景德镇制瓷，后到宜兴制陶。他的紫砂壶作品别具一格，清代著名学者吴骞〔清雍正十一年（1733年）至清嘉庆十八年（1813年）〕在《阳羡名陶录》中记载陈仲美"好配壶土、意造诸玩，如香盒、花杯、狻猊炉、辟邪、镇纸、重镂叠刻，细极鬼工。壶像花果，缀以草虫。或龙戏海涛，伸爪出目。至塑大士像，庄严慈悯，神采欲生"。从记载中可以看出他是一位很富有创造性的思想者，又是一位把雕塑和紫砂壶艺结合得很成功的陶艺家。难怪后人把他的紫砂壶作品称为"神品"。

陈用卿 仿春秋青铜器 钟形壶　　■ 长：16cm　　■ 高：11cm　　■ 直径：10cm

陈用卿

　　活动于明代万历至天启年间。祖籍江西。他以自己的特点，续董之遗法，以文巧而闻名。明代中国早期紫砂专业评论家周高起〔明万历二十四年（1596年）至清顺治二年（1645年）〕，于《阳羡砂壶系》中云："陈用卿负力尚气，尝挂吏议，在缧绁中（常以事陷狱中），作品式尚工致，如莲子、钵盂、圆珠诸制，不规而圆，已极妍饰，以浑成醇饰称之"。另据明末清初散文家、杭州名士张岱在其《陶庵梦忆》中称："宜兴罐以供春为上，时大彬次之，陈用卿又次之……款仿钟繇帖意，落墨拙而用刀工。"史称"陈三呆子"，他的制作技艺对后来的紫砂工艺影响是巨大的。

时大彬制 万象更新壶　　■ 长：17cm　■ 高：5cm　■ 直径：10cm

时大彬

  号少山，约活动在明代万历元年（1573年）至清代顺治五年（1648年）。其父是"明代紫砂四大家"中的时鹏，父子相传，更有深厚的家学渊源。时大彬制壶常在紫砂中杂以细砂，成陶后壶面上闪现出浅色的细小颗粒，产生"砂粗、质古、肌理匀"的奇妙效果。这种"调砂"工艺不仅是"时壶"及其时代的一大特点，而且成为紫砂壶的一种自然天成的装饰。鉴赏家们称之为"银砂闪点"，还赞美它"珠粒隐现，更自夺目"。这种幽雅悦目的壶艺风格，极大地适应了明代士大夫阶层所追求的淡雅超俗的审美情趣。他对紫砂陶的泥料配制、成型技法、造型设计与铭刻，都有卓越的成就。确立了至今仍为紫砂业沿袭的用泥片和镶接那种凭空成型的高难度技术体系，在宜兴紫砂陶艺历史上具有极其重大的影响。清代著名学者吴骞〔清雍正十一年（1733年）至清嘉庆十八年（1813年）〕在《阳羡名陶录》中称：时大彬所制茗壶"千奇万状信手出，巧夺坡诗百态新"。明代文学家吴梅鼎〔明崇祯四年（1631年）至清康熙三十九年（1700年）〕在《阳羡茗壶赋》中称："时大彬所传弟子甚众，皆知名于世。"其弟子徐友泉、李仲芳、欧正春、邵文金、邵文银、陈俊卿、蒋时英等人都为一代名家，形成了制作紫砂茗壶的正宗流派，从而成就了时大彬作为紫砂制作艺术和学养都比较全面的、最早的一代名师。

时大彬制 六楞梨形壶　　■ 长：14cm　　■ 高：14cm　　■ 直径：11cm

时大彬

　　号少山，约活动在明代万历元年（1573年）至清代顺治五年（1648年）。其父是"明代紫砂四大家"中的时鹏，父子相传，更有深厚的家学渊源。时大彬制壶常在紫砂中杂以细砂，成陶后壶面上闪现出浅色的细小颗粒，产生"砂粗、质古、肌理匀"的奇妙效果。这种"调砂"工艺不仅是"时壶"及其时代的一大特点，而且成为紫砂壶的一种自然天成的装饰。鉴赏家们称之为"银砂闪点"，还赞美它"珠粒隐现，更自夺目"。这种幽雅悦目的壶艺风格，极大地适应了明代士大夫阶层所追求的淡雅超俗的审美情趣。他对紫砂陶的泥料配制、成型技法、造型设计与铭刻，都有卓越的成就。确立了至今仍为紫砂业沿袭的用泥片和镶接那种凭空成型的高难度技术体系，在宜兴紫砂陶艺历史上具有极其重大的影响。清代著名学者吴骞〔清雍正十一年（1733年）至清嘉庆十八年（1813年）〕在《阳羡名陶录》中称：时大彬所制茗壶"千奇万状信手出，巧夺坡诗百态新"。明代文学家吴梅鼎〔明崇祯四年（1631年）至清康熙三十九年（1700年）〕，在《阳羡茗壶赋》中称："时大彬所传弟子甚众，皆知名于世。"其弟子徐友泉、李仲芳、欧正春、邵文金、邵文银、陈俊卿、蒋时英等人都为一代名家，形成了制作紫砂茗壶的正宗流派，从而成就了时大彬作为紫砂制作艺术和学养都比较全面的、最早的一代名师。

时大彬制 福到眼前壶　　■长：16cm　■高：9cm　■直径：10cm

时大彬

  号少山，约活动在明代万历元年（1573年）至清代顺治五年（1648年）。其父是"明代紫砂四大家"中的时鹏，父子相传，更有深厚的家学渊源。时大彬制壶常在紫砂中杂以细砂，成陶后壶面上闪现出浅色的细小颗粒，产生"砂粗、质古、肌理匀"的奇妙效果。这种"调砂"工艺不仅是"时壶"及其时代的一大特点，而且成为紫砂壶的一种自然天成的装饰。鉴赏家们称之为"银砂闪点"，还赞美它"珠粒隐现，更自夺目"。这种幽雅悦目的壶艺风格，极大地适应了明代士大夫阶层所追求的淡雅超俗的审美情趣。他对紫砂陶的泥料配制、成型技法、造型设计与铭刻，都有卓越的成就。确立了至今仍为紫砂业沿袭的用泥片和镶接那种凭空成型的高难度技术体系，在宜兴紫砂陶艺历史上具有极其重大的影响。清代著名学者吴骞〔清雍正十一年（1733年）至清嘉庆十八年（1813年）〕在《阳羡名陶录》中称：时大彬所制茗壶"千奇万状信手出，巧夺坡诗百态新"。明代文学家吴梅鼎〔明崇祯四年（1631年）至清康熙三十九年（1700年）〕，在《阳羡茗壶赋》中称："时大彬所传弟子甚众，皆知名于世。"其弟子徐友泉、李仲芳、欧正春、邵文金、邵文银、陈俊卿、蒋时英等人都为一代名家，形成了制作紫砂茗壶的正宗流派，从而成就了时大彬作为紫砂制作艺术和学养都比较全面的、最早的一代名师。

李仲芳制 蟠龙佑天壶　　　▪长：15cm　▪高：12cm　▪直径：10cm

李仲芳

　　生于明代万历元年（1573年），殁于明代崇祯十七年（1644年）。原籍江西婺源人。时大彬门徒，紫砂名手李茂林长子，且"为高足第一"。李仲芳获父之"妍巧有致"，得师之"敦雅古穆"，兼家传与师承，制品文巧精工，技艺俱佳。明代著名紫砂陶艺家。

欧正春造 福寿壶　　■长：18cm　■高：9cm　■直径：11cm

欧正春

　　活动于明代万历元年（1573年）至明代万历四十七年（1619年）。江西婺源人。文巧著称，是最早创造菱花式紫砂壶的名手。所造作品，多规花卉、果物，式度精研。形式大半仿钧窑，又称"宜钧"，精巧玲珑，浑朴妍整，诸器颇佳。师从时大彬。他是宜兴烧制欧窑较为成功的名艺人，由于他对彩釉贡献甚大，故中国著名"欧窑"由此而得名。明代著名紫砂陶艺家。

欧正春造 扁菱花壶　　▪长：16cm　▪高：8cm　▪直径：12cm

欧正春

活动于明代万历元年（1573年）至明代万历四十七年（1619年）。江西婺源人。文巧著称，是最早创造菱花式紫砂壶的名手。所造作品，多规花卉、果物，式度精研。形式大半仿钧窑，又称"宜钧"，精巧玲珑，浑朴妍整，诸器颇佳。师从时大彬。他是宜兴烧制欧窑较为成功的名艺人，由于他对彩釉贡献甚大，故中国著名"欧窑"由此而得名。明代著名紫砂陶艺家。

欧正春造 福寿提梁壶　　■长：20cm　■高：20cm　■直径：11cm

欧正春

　　活动于明代万历元年（1573年）至明代万历四十七年（1619年）。江西婺源人。文巧著称，是最早创造菱花式紫砂壶的名手。所造作品，多规花卉、果物，式度精研。形式大半仿钧窑，又称"宜钧"，精巧玲珑，浑朴妍整，诸器颇佳。师从时大彬。他是宜兴烧制欧窑较为成功的名艺人，由于他对彩釉贡献甚大，故中国著名"欧窑"由此而得名。明代著名紫砂陶艺家。

欧正春造 朝天吼 保温壶　　■ 长：20cm　■ 高：20cm　■ 直径：11cm

欧正春

　　活动于明代万历元年（1573年）至明代万历四十七年（1619年）。江西婺源人。文巧著称，是最早创造菱花式紫砂壶的名手。所造作品，多规花卉、果物，式度精研。形式大半仿钧窑，又称"宜钧"，精巧玲珑，浑朴妍整，诸器颇佳。师从时大彬。他是宜兴烧制欧窑较为成功的名艺人，由于他对彩釉贡献甚大，故中国著名"欧窑"由此而得名。明代著名紫砂陶艺家。

时鹏 仿青铜器 鼎形壶 ▪ 长：18cm ▪ 高：16cm ▪ 直径：11cm

时鹏

  约活动于明代万历年间，生卒年不详。江苏宜兴人。时大彬之父。清代著名学者吴骞〔清雍正十一年（1733年）至清嘉庆十八年（1813年）〕在《阳羡茗陶录》中载："鹏一作朋，与董翰、赵梁、元畅一起，为明代紫砂四名家。"明代中国早期紫砂专业评论家周高起〔明万历二十四年（1596年）至清顺治二年（1645年）〕，于《阳羡茗壶系》中对他的评价是："皆供春之后劲也，所制茗壶，文巧而多古拙。"时鹏是宜兴早期紫砂壶艺的著名陶艺师，是在紫艺界历史上具有引领意义的一代名师。

邵文银制 三阳开泰壶
- 长：18cm　- 高：10cm　- 直径：12cm

邵文银

又名亨裕，生于明代万历七年（1579年），卒于清代顺治四年（1647年），原籍江西婺源。与邵亨祥（文金）同胞兄弟，都是时大彬的弟子。清代著名学者吴骞〔清雍正十一年（1733年）至清嘉庆十八年（1813年）〕在《桃溪客语》中称："邵文银紫壶制作工致文巧，饶有时门风格。"所制茗壶，为士大夫们所珍爱。此壶作者亲书刻款"邵文银"，尤为珍贵。邵文银是明代紫砂史上继时大彬之后的著名紫砂陶艺家。

元畅 天圆地方壶　　▪长：16cm　▪高：20cm　▪直径：10cm

元畅

　　生于明代隆庆元年（1567年），殁于明代万历四十七年（1619年）。江苏宜兴人。中国香学大家周嘉胄〔明万历十年（1582年）至清顺治十八年（1661年）〕在《阳羡茗壶图谱》中云："元畅善制砂壶，以古朴著称。"清代著名学者吴骞〔清雍正十一年（1733年）至清嘉庆十八年（1813年）〕在《阳羡名陶录》中载："元畅制紫砂壶，古朴雅致，以古拙见长。"元畅是供春之后，与时鹏、董翰、赵梁齐名的知名紫砂艺人，四人史称"明代紫砂四大家"。是在紫砂界历史上具有引领意义的一代名师。

大彬 福禄双全倒装壶　　■ 长：21cm　■ 高：14cm　■ 直径：8cm

时大彬

　　号少山，约活动在明代万历元年（1573年）至清代顺治五年（1648年）。其父是"明代紫砂四大家"中的时鹏，父子相传，更有深厚的家学渊源。时大彬制壶常在紫砂中杂以细砂，成陶后壶面上闪现出浅色的细小颗粒，产生"砂粗、质古、肌理匀"的奇妙效果。这种"调砂"工艺不仅是"时壶"及其时代的一大特点，而且成为紫砂壶的一种自然天成的装饰。鉴赏家们称之为"银砂闪点"，还赞美它"珠粒隐现，更自夺目"。这种幽雅悦目的壶艺风格，极大地适应了明代士大夫阶层所追求的淡雅超俗的审美情趣。他对紫砂陶的泥料配制、成型技法、造型设计与铭刻，都有卓越的成就。确立了至今仍为紫砂业沿袭的用泥片和镶接那种凭空成型的高难度技术体系，在宜兴紫砂陶艺历史上具有极其重大的影响。清代著名学者吴骞〔清雍正十一年（1733年）至清嘉庆十八年（1813年）〕在《阳羡名陶录》中称：时大彬所制茗壶"千奇万状信手出，巧夺坡诗百态新"。明代文学家吴梅鼎〔明崇祯四年（1631年）至清康熙三十九年（1700年）〕在《阳羡茗壶赋》中称："时大彬所传弟子甚众，皆知名于世。"其弟子徐友泉、李仲芳、欧正春、邵文金、邵文银、陈俊卿、蒋时英等人都为一代名家，形成了制作紫砂茗壶的正宗流派，从而成就了时大彬作为紫砂制作艺术和学养都比较全面的、最早的一代名师。

徐友泉 扁石壶　　■ 长：18cm　　■ 高：7cm　　■ 直径：12cm

徐友泉

　　名士衡，生于明代万历四年（1576年），殁于明代崇祯十六年间（1643年）。江西婺源人。他并非陶家出身，因其父喜欢当时制壶名家时大彬的壶艺并交为好友，他凭着造型艺术方面的天赋，自小拜时大彬为师。明代紫砂专业评论家周高起〔明万历二十四年（1596年）至清顺治二年（1645年）〕，于《阳羡茗壶系》中述：一日时大彬作泥牛为戏，不料友泉夺其壶泥，出门照着树下卧牛的刚睡起之势，速捏塑一牛，时大彬见状惊叹："如此智能、必出吾上。"随着技艺日趋成熟，徐友泉作品总是别出心裁，变化多端，毕智穷工，移人心目。作品中有汉方、扁觯、蕉叶、莲方、菱花、鹅蛋、分裆、索耳、美人、垂莲、大顶莲、一回角、六子等诸种形制。泥色应用上有海棠红、朱砂紫、定窑白、冷金黄、淡墨、沉香、水碧、榴皮、葵黄、闪色、梨皮等各种色调。在精研壶艺的实践中，对壶泥色和壶式样有着很多发明和创造，"综古今而合度，极变化以从心"，他手工精细，所有制壶作品的壶盖与壶口能够密不透风，对后来紫砂壶艺的发展起着很大的传承作用。他擅作仿古铜器壶，所制的长爪兽的形态，亦是仿青铜器的形制，非同凡响，特别有古拙味道，受众多后来者模仿为师。《阳羡茗壶系》《阳羡茗壶赋》《宜兴县志》均有同类记载。徐友泉是明代著名的紫砂陶艺大师。

赵梁制 透雕四方来财壶　　■ 长：18cm　■ 高：9cm　■ 直径：10cm

赵梁

又名赵良，宜兴人。生卒年不详。活动于明代嘉靖、万历年间。明末清初散文家陈贞慧〔明万历三十二年（1604年）至清顺治十三年（1656年）〕，在《秋园杂佩》中称："赵梁所制茗壶以朴实古拙见长。"赵梁与董翰、时鹏、元畅并称"明代紫砂四大家"。赵梁作品受铜镜外形及青铜器影响非常明显。明式家具简洁、凝重的风格对赵梁制紫砂壶的影响也随处可见。他早期的紫砂茗壶，其造型气度浑厚，整体协调匀称，善用筋纹线的变化及开光加强装饰效果，泥质颗粒较粗。有"不务妍媚而朴雅坚栗"的美誉。在明代盛行的道、儒、佛教的社会氛围里。赵梁的作品恰恰反映了当时社会士大夫和民众的审美观与文化观。赵梁是明代早期紫砂壶艺陶艺师，是在紫艺界历史上具有引领意义的一代名师。

欧正春造 狮钮提梁壶 ■长：15cm ■高：17cm ■直径：11cm

欧正春

  活动于明代万历元年（1573年）至明代万历四十七年（1619年）。江西婺源人。文巧著称，是最早创造菱花式紫砂壶的名手。所造作品，多规花卉、果物，式度精研。形式大半仿钧窑，又称"宜钧"，精巧玲珑，浑朴妍整，诸器颇佳。师从时大彬。他是宜兴烧制欧窑较为成功的名艺人，由于他对彩釉贡献甚大，故中国著名"欧窑"由此而得名。明代著名紫砂陶艺家。

时朋 大明正德年制 六方壶　　■长：16cm　■高：11cm　■直径：10cm

时鹏

　　约活动于明代万历年间，生卒年不详。江苏宜兴人。时大彬之父。清代著名学者吴骞〔清雍正十一年（1733年）至清嘉庆十八年（1813年）〕在《阳羡茗陶录》中载："鹏一作朋，与董翰、赵梁、元畅一起，为明代紫砂四名家。"明代中国早期紫砂专业评论家周高起〔明万历二十四年（1596年）至清顺治二年（1645年）〕，于《阳羡茗壶系》中对他的评价是："皆供春之后劲也，所制茗壶，文巧而多古拙。"时鹏是宜兴早期紫砂壶艺的著名陶艺师，是在紫艺界历史上具有引领意义的一代名师。

沈君盛 何仙姑壶 ■长：18cm ■高：15cm ■直径：9cm

沈君盛

明代天启至崇祯年间人。时大彬再传弟子，工制壶，善仿徐友泉陶艺制法，型制品类十分丰富，所制作品多浮雕，玲珑剔透，形象逼真，且善配泥色，造型工致巧妙，盖口准缝，不苟丝发。传承欧正春脉派。与享誉"色象天错，金石同坚"的制壶名家沈君用相匹，以离奇著称。明代著名陶艺家。

陈用卿制 僧帽壶   ▪ 长：12cm   ▪ 高：10cm   ▪ 直径：9cm

陈用卿

　　活动于明代万历至天启年间。祖籍江西。他以自己的特点，续董之遗法，以文巧而闻名。明代中国早期紫砂专业评论家周高起〔明万历二十四年（1596年）至清顺治二年（1645年）〕，于《阳羡砂壶系》中云："陈用卿负力尚气，尝挂吏议，在缧世中（常以事陷狱中），作品式尚工致，如莲子、钵盂、圆珠诸制，不规而圆，已极妍饰，以浑成醇饰称之"。另据明末清初散文家、杭州名士张岱在其《陶庵梦忆》中称："宜兴罐以供春为上，时大彬次之，陈用卿又次之……款仿钟繇帖意，落墨拙而用刀工。"史称"陈三呆子"，他的制作技艺对后来的紫砂工艺影响是巨大的。

大明宫廷御制 树瘿提梁壶 ■长：19cm ■高：21cm ■直径：11cm

  东汉至今，瓷陶器向来是"瓷器注窑口，紫砂重名头"，以示其身世和身价。其中只有佛、神人物类的瓷陶圆雕品是既无窑名又无制者名头，是为显示神圣不可逾越的特殊尊严。其实陶艺师们依作品的来由和去向，依然是有序可循的。正如清末北京大学国文系教授许之衡〔清光绪三年（1877年）至民国二十四年（1935年）〕在《饮流斋说瓷》中云："瓷款之堂名、斋名者，大抵分四类，一为帝王，一为亲贵，一为名士而达官者，一为雅匠良工也。""宫廷鉴制"印、"御制"印以及"朝代年份"印的紫砂艺术制品，也从来不是一个紫砂陶艺师所能独立完成的。这些拥有高贵头衔的珍贵作品从立意造型到精细制作，都是由当时的达官贵人、文人士大夫们，同一些高知名度的陶塑大师们，绝技智慧共同升华后所产生的艺术结果。同时，也是为后人留下代表当时紫艺水平的一个宝贵典范。

时鹏 龙船壶　▪ 长：15cm　▪ 高：11cm　▪ 直径：7cm

时鹏

　　约活动于明代万历年间，生卒年不详。江苏宜兴人。时大彬之父。清代著名学者吴骞〔清雍正十一年（1733年）至清嘉庆十八年（1813年）〕在《阳羡茗陶录》中载："鹏一作朋，与董翰、赵梁、元畅一起，为明代紫砂四名家。"明代中国早期紫砂专业评论家周高起〔明万历二十四年（1596年）至清顺治二年（1645年）〕，于《阳羡茗壶系》中对他的评价是："皆供春之后劲也，所制茗壶，文巧而多古拙。"时鹏是宜兴早期紫砂壶艺的著名陶艺师，是在紫艺界历史上具有引领意义的一代名师。

时大彬制 狮钮寿壶　　■长：20cm　■高：12cm　■直径：9cm

时大彬

  号少山，约活动在明代万历元年（1573年）至清代顺治五年（1648年）。其父是"明代紫砂四大家"中的时鹏，父子相传，更有深厚的家学渊源。时大彬制壶常在紫砂中杂以细砂，成陶后壶面上闪现出浅色的细小颗粒，产生"砂粗、质古、肌理匀"的奇妙效果。这种"调砂"工艺不仅是"时壶"及其时代的一大特点，而且成为紫砂壶的一种自然天成的装饰。鉴赏家们称之为"银砂闪点"，还赞美它"珠粒隐现，更自夺目"。这种幽雅悦目的壶艺风格，极大地适应了明代士大夫阶层所追求的淡雅超俗的审美情趣。他对紫砂陶的泥料配制、成型技法、造型设计与铭刻，都有卓越的成就。确立了至今仍为紫砂业沿袭的用泥片和镶接那种凭空成型的高难度技术体系，在宜兴紫砂陶艺历史上具有极其重大的影响。清代著名学者吴骞〔清雍正十一年（1733年）至清嘉庆十八年（1813年）〕在《阳羡名陶录》中称：时大彬所制茗壶"千奇万状信手出，巧夺坡诗百态新"。明代文学家吴梅鼎〔明崇祯四年（1631年）至清康熙三十九年（1700年）〕在《阳羡茗壶赋》中称："时大彬所传弟子甚众，皆知名于世。"其弟子徐友泉、李仲芳、欧正春、邵文金、邵文银、陈俊卿、蒋时英等人都为一代名家，形成了制作紫砂茗壶的正宗流派，从而成就了时大彬作为紫砂制作艺术和学养都比较全面的、最早的一代名师。

时大彬制 八仙过海 保温壶　　■ 长：17cm　■ 高：13cm　■ 直径：11cm

时大彬

　　号少山。约活动在明代万历元年（1573年）至清代顺治五年（1648年）。其父是"明代紫砂四大家"中的时鹏，父子相传，更有深厚的家学渊源。时大彬制壶常在紫砂中杂以细砂，成陶后壶面上闪现出浅色的细小颗粒，产生"砂粗、质古、肌理匀"的奇妙效果。这种"调砂"工艺不仅是"时壶"及其时代的一大特点，而且成为紫砂壶的一种自然天成的装饰。鉴赏家们称之为"银砂闪点"，还赞美它"珠粒隐现，更自夺目"。这种幽雅悦目的壶艺风格，极大地适应了明代士大夫阶层所追求的淡雅超俗的审美情趣。他对紫砂陶的泥料配制、成型技法、造型设计与铭刻，都有卓越的成就。确立了至今仍为紫砂业沿袭的用泥片和镶接那种凭空成型的高难度技术体系，在宜兴紫砂陶艺历史上具有极其重大的影响。清代著名学者吴骞〔清雍正十一年（1733年）至清嘉庆十八年（1813年）〕在《阳羡名陶录》中称：时大彬所制茗壶"千奇万状信手出，巧夺坡诗百态新"。明代文学家吴梅鼎〔明崇祯四年（1631年）至清康熙三十九年（1700年）〕，在《阳羡茗壶赋》中称："时大彬所传弟子甚众，皆知名于世。"其弟子徐友泉、李仲芳、欧正春、邵文金、邵文银、陈俊卿、蒋时英等人都为一代名家，形成了制作紫砂茗壶的正宗流派，从而成就了时大彬作为紫砂制作艺术和学养都比较全面的、最早的一代名师。

邵亨祥造 圆囊壶　　■长：19cm　■高：10cm　■直径：11cm

邵文金

  又名亨祥，生于明代万历元年（1573年），殁于明代万历四十七年（1619年），宜兴人。与邵文银（亨裕）同胞兄弟，同为时大彬弟子。明代中国早期紫砂专业评论家周高起〔明万历二十四年（1596年）至清顺治二年（1645年）〕，于《阳羡茗壶系》中记载："邵文金仿时大彬方独绝，今尚寿。" 兄弟二人名重一时，所制作品工艺独到，精美珍贵。民国时期收藏家、鉴赏家李景康、张虹著《阳羡砂壶图考》中记载："吴槎客和张叔未诗，有句云：'勇唤邵文金，渠帅在吾握。其作品为士大夫珍赏，于此可见。"明代著名紫砂陶艺家。

邵亨祥造 双狮戏绣球壶　　■ 长：17cm　■ 高：12cm　■ 直径：10cm

邵文金

又名亨祥，生于明代万历元年（1573年），殁于明代万历四十七年（1619年），宜兴人。与邵文银（亨裕）同胞兄弟，同为时大彬弟子。明代中国早期紫砂专业评论家周高起〔明万历二十四年（1596年）至清顺治二年（1645年）〕，于《阳羡茗壶系》中记载："邵文金仿时大彬方独绝，今尚寿。" 兄弟二人名重一时，所制作品工艺独到，精美珍贵。民国时期收藏家、鉴赏家李景康、张虹著《阳羡砂壶图考》中记载："吴槎客和张叔未诗，有句云：'勇唤邵文金，渠帅在吾握。'"其作品为士大夫珍赏，于此可见。明代著名紫砂陶艺家。

陈砚卿制 虎威天下壶   ■长：19cm ■高：10cm ■直径：11.5cm

陈砚卿

  约活动于清咸丰至同治年间。在现有紫砂专业的文字记载中，陈砚卿的名字出现的频次很高，一般都与当时清代紫砂制作大师沈才田、陈柏亭、罗蓝舫、邵云如并列。陈砚卿是清代著名紫砂陶艺家。

谦六造 荷花仙子壶　　　▪ 长：17cm　▪ 高：10cm　▪ 直径：11cm

丁逊之

　　字谦六，号竹樵，生于清代道光二年（1822年），殁于清代光绪二十年（1894年）。河南固始人。咸丰六年（1856年）考入进士，官至户部主事。谦六紫砂茶器制作的闻名款识为阴文楷书"谦六"无边印，所制茗壶，形制别致，制器胎身光洁，胎身掺粗黄熟料，土釉甚佳。他还是一名画家，擅长兰花图，其画风书卷气十分浓厚，有鹤立峰巅之意，闻名江南。丁逊之兰花图亦有上市拍卖。有《兰谱草年》等著作。《中国名人志（第十二卷）》中清朝的附传有丁逊之名录。他是清代政界具有画家身份的紫砂陶艺家。

大清乾隆年制 鱼化龙壶　　▪ 长：24cm　▪ 高：17cm　▪ 直径：12cm

　　东汉至今，瓷陶器向来是"瓷器注窑口，紫砂重名头"，以示其身世和身价。其中只有佛、神人物类的瓷陶圆雕品是既无窑名又无制者名头，是为显示神圣不可逾越的特殊尊严。其实陶艺师们依作品的来由和去向，依然是有序可循的。正如清末北京大学国文系教授许之衡〔清光绪三年（1877年）至民国二十四年（1935年）〕在《饮流斋说瓷》中云："瓷款之堂名、斋名者，大抵分四类，一为帝王，一为亲贵，一为名士而达官者，一为雅匠良工也。""官廷鉴制"印、"御制"印以及"朝代年份"印的紫砂艺术制品，也从来不是一个紫砂陶艺师所能独立完成的。这些拥有高贵头衔的珍贵作品从立意造型到精细制作，都是由当时的达官贵人、文人士大夫们，同一些高知名度的陶塑大师们，绝技智慧共同升华后所产生的艺术结果。同时，也是为后人留下代表当时紫艺水平的一个宝贵典范。

荆溪凌万兴制 观音坐禅 荷花壶 ▪长：18cm ▪高：15cm ▪直径：10cm

凌万兴

　　约活动于清代雍正至乾隆年间，生卒不详。他制壶多型，立意新颖，方圆兼盛，技艺高超，细致入微。用印长方形带框边阳文篆字"荆溪凌万兴制"钤印。清代著名紫砂陶艺家。

大清宫廷监制 一路高攀提梁壶　　■ 长：15cm　　■ 高：19cm　　■ 直径：11cm

　　东汉至今，瓷陶器向来是"瓷器注窑口，紫砂重名头"，以示其身世和身价。其中只有佛、神人物类的瓷陶圆雕品是既无窑名又无制者名头，是为显示神圣不可逾越的特殊尊严。其实陶艺师们依作品的来由和去向，依然是有序可循的。正如清末北京大学国文系教授许之衡〔清光绪三年（1877年）至民国二十四年（1935年）〕在《饮流斋说瓷》中云："瓷款之堂名、斋名者，大抵分四类，一为帝王，一为亲贵，一为名士而达官者，一为雅匠良工也。""宫廷鉴制"印、"御制"印以及"朝代年份"印的紫砂艺术制品，也从来不是一个紫砂陶艺师所能独立完成的。这些拥有高贵头衔的珍贵作品从立意造型到精细制作，都是由当时的达官贵人、文人士大夫们，同一些高知名度的陶塑大师们，绝技智慧共同升华后所产生的艺术结果。同时，也是为后人留下代表当时紫艺水平的一个宝贵典范。

陈光明制 方圆相济壶　　■ 长：17cm　■ 高：14cm　■ 直径：10cm

陈光明

　　字匡庐，小名润宝，生于清代咸丰九年（1859年），殁于民国十九年（1930年），江苏宜兴人。中年以后，依其女侨居上海。工制壶，他所有传器均精配泥色，造型周正，做工精致，格调古茂，玲珑别致，质朴洁雅，技艺较同辈精致，名闻一时。制器壶底常钤"陈光明制"四字篆体方印，盖内或把下多钤"陈"字篆文小圆印、"光明"篆文小方印，一般上下两印连用。亦有"凤"字篆文方章。他还擅制紫砂玩器，所制花果类小品杂项居多，如豆、核桃及柿子等，制作精巧，几可乱真，色彩优异，美妙绝伦。顾景舟记曰："陈光明被同代艺人誉为二陈，即清初陈鸣远，清末陈光明。"获得与紫砂壶艺的一代宗师陈鸣远相提并论的美誉，清代独此一人。陈光明是清代晚期著名紫砂陶艺家。

邵景南制 吉祥壶　　▪ 长：20cm　▪ 高：11cm　▪ 直径：13cm

邵景南

　　号留佩主人，出生于清代嘉庆元年（1796年），殁于清代同治十三年（1874年），江苏宜兴人。工于制壶，善仿明式，深得古法，擅于品类创新，有一些作品可实用也可把玩。制作严谨秀巧而有气势。壶底常用"邵景南制"阳文楷书印，壶盖内常用"景南"椭圆楷书章，及圆形回纹边框"邵景南制"阳文篆字印。清代道光年间制壶名艺人，清末宜兴上袁村"邵家壶"传人。晚清制壶八大家之一的陶艺家。

荆溪惠孟臣制 和和美美壶　　■ 长：10cm　■ 高：10cm　■ 直径：9cm

惠孟臣

　　字孟臣，号山中一古人，约活动于明代天启至清代康熙年间，荆溪（今江苏宜兴）人。惠孟臣壶艺出众，独树一帜，作品以小壶多，中壶少，大壶最罕，所制茗壶大者浑朴，小者精妙。善于配制多种调砂泥，有白砂、紫砂、朱砂，以朱紫者多，白砂者少。壶式有圆有扁，有高身、平肩、梨形、鼓腹、圆腹、扇形等，尤以所制梨形壶最具盛名。十七世纪末外销欧洲各地，对欧洲早期的制壶业影响很大。近现代紫砂壶研究专家韩其楼在《紫砂壶全书》中披露："惠孟臣闻名欧洲及本国历史长达200年之久，他所创制的朱泥梨形小壶，极受欢迎。"惠孟臣后期专制朱砂几何形小壶，造型奇、体积小、工艺精，工艺手法极洗练，富节奏感，尤其是壶的流嘴，不论长或短，均刚直劲拔，壶体光泽莹润，胎薄轻巧，线条圆转流畅，有着与众不同的鲜明特色。他注重制壶铭刻的书法，有书"荆溪惠孟臣制""惠孟臣制""孟臣制"等多种款识，有的前面标有制作年份或绝句，一般是在十几字组成的诗句或吉祥语，字体多为楷书，也有行书体，笔势灵动，具书法韵味，用竹刀刻画，书法秀娟，笔法绝类唐代大书法家褚遂良。后期作品并用钤印。惠孟臣是中国紫砂陶艺史上一位海内外知名度很高的著名壶艺大师。

陈鸣远 自强不息壶　　■长：7cm　■高：9cm　■直径：6cm

陈鸣远

　　名远，字鸣远，号鹤峰、石霞山人、壶隐，活动于清代康熙年间。江苏宜兴人，原籍浙江桐乡，制壶名师陈子畦之子。他所有作品，立意深远，主题内涵，无声诉说，表达理念，精致雕塑，技艺精湛，让人品味，哲理无限。他一生所制茗壶、雅玩品类达数十种，无不精美绝伦，尤以仿古代青铜器爵、觚、鼎、簋等古彝器的紫砂茗壶作品，工艺精，品位高，古趣盎然。创新立意塑造的紫砂茗壶作品更是精道至极，都以特写彰显内载，形态表现意境，这种高超思维的制作手法，使自然生态和物体固态的技术造化，表现得淋漓尽致，惟妙惟肖。他还制作了许多案头陈设的雅玩和文房用具，及仿生的菱角、扁豆、花生、玉蜀黍、蘑菇、栗子、藕片、荸荠、核桃、白果等，无不精妙，给人以活生生鲜灵灵的审美感受，令人拍案叫绝。他还开创了壶体镌刻诗铭装饰，署款刻名和印章并用，把中国传统的绘画书法艺术和书款方式，引入紫砂茗壶的制作工艺，使原来光素无华的壶体增添了许多隽永的装饰情趣，把壶艺、品茗和文人的风雅情致融为一体，使紫砂茗壶更具浓厚的书卷气，极大地提高了紫砂茗壶的艺术价值和文化价值。再加之诗铭、书款的书法雅健娟秀，富有晋唐笔意，为文人学士、名臣公卿争相觅取，名孚中外，赢来了北京城里"海外竞求鸣远碟"的赞语。他雕镂兼长，上承明代精粹，下开清代格局，他的作品，可与夏、商、周三代的金、玉器物并列，可与实用、观赏同在，成为真正的艺术品，从而进入中国紫砂陶艺殿堂的顶端，亘贯古今，熠熠生辉。以在紫砂陶艺发展史上建立的卓越功勋，陈鸣远成为时大彬之后在紫砂陶艺史上全面精熟的最杰出的一代名师。

陈曼生制 珐琅彩绘 吉祥对壶   ▪ 长：11cm ▪ 高：7cm ▪ 直径：7cm

陈曼生

　　名鸿寿，字子恭，号曼生，一号种榆道人、曼公、曼龚、夹公亭长、胥溪渔隐、种榆仙吏、种榆仙客、夹谷亭长、老曼等。生于清代乾隆三十三年（1768年），卒于清代道光二年（1822年）。浙江钱塘（今余杭）人。嘉庆六年（1801年）拔贡，官至淮安同知，后官溧阳县知县。善书法，篆刻，好紫砂工艺。曾聘制陶家杨彭年兄妹到家中为之制作紫砂茗壶，经其铭刻诗、词、书、画，壶底钤"阿曼陀室"堂号印，使"壶随字贵，字依壶传"的重大推举，风行一时，得以流传至今，其文化内涵和陶艺的叠加效应，一直影响着今天的茗壶设计。自此，得"曼生壶"者，珍视如璧。其"阿曼陀室"和"曼生十八式"壶样，从"阿曼陀室"的"青山个个伸头看，看我庵中吃苦茶"的对联，生动形象地描绘陈曼生心旷神怡的场景中，可看出陈曼生在壶中寻求的是一种精神与情感寄托，并以此来释放自己的才情与感悟。这使"曼生壶"充满了灵气，从而融会了道、儒、佛家思想的精华，融进了陈曼生一生的情感与文采，成就了陈曼生留与后人的标志性文化标识。陈曼生一生涉艺广泛，造诣极高，是清代横跨政界的一位诗、文、书、画、印全面发展的"西泠八家"之一的文学家、艺术家、书画家、篆刻家、紫砂制作的陶艺家。

杨彭年造 珐琅彩绘 软提梁壶 ▪长：17cm ▪高：12cm ▪直径：14cm

杨彭年

　　字二泉，号大鹏，生于清嘉庆丙辰年（1796年），卒于清道光庚戌年（1850年）。江苏宜兴人，一说浙江桐乡人。弟宝年、妹凤年，均为清代制壶名艺人。所制茗壶，玉色晶莹，气韵温雅，浑朴玲珑，具天然之趣，艺林视为珍品。当时他常为溧阳知县陈鸿寿制作"曼生壶"，历来为鉴赏家们所珍爱。他善于配泥，首创捏嘴不用模子和掇暗嘴之工艺，随意制成，亦有天然之致。他还善铭刻，工隶书，追求金石味。常与当时名人雅士陈鸿寿（曼生）、瞿应绍（子冶）、朱坚（石梅）、邓奎（符生）、郭麟（祥伯、频伽）等合作镌刻书画。技艺成熟，至善尽美。世称"彭年壶""彭年曼生壶""彭年石瓢壶"，声名极盛。他是使"壶随字贵，字依壶传"重大推举的重要力行者，对后世影响颇大。清代著名的紫砂陶艺家。

杨凤年造 牡丹富贵壶 ▪长：17cm ▪高：12cm ▪直径：12cm

杨凤年

　　杨彭年之妹，字玉禽。生于清代乾隆三十九年（1774年），卒于清代咸丰五年（1855年）。江苏宜兴人，一说浙江桐乡人。她的紫砂作品主题突出，构思巧妙，底蕴含蓄，浮雕精美，可与其兄杨彭年制品相媲美。紫砂壶制作史上最有名望的女陶艺家。

陈鸣远 纳富合欢壶　　▪ 长：15cm　▪ 高：9cm　▪ 直径：11cm

陈鸣远

　　名远，字鸣远，号鹤峰、石霞山人、壶隐，活动于清代康熙年间。江苏宜兴人，原籍浙江桐乡，制壶名师陈子畦之子。他所有作品，立意深远，主题内涵，无声诉说，表达理念，精致雕塑，技艺精湛，让人细品，哲理无限。他一生所制茗壶、雅玩品类达数十种，无不精美绝伦，尤以仿古代青铜器爵、觚、鼎、簋等古彝器的紫砂茗壶作品，工艺精，品位高，古趣盎然。创新立意塑造的紫砂茗壶作品更是精道至极，都以特写彰显内载，形态表现意境，这种高超思维的制作手法，使自然生态和物体固态的技术造化，表现得淋漓尽致，惟妙惟肖。他还制作了许多案头陈设的雅玩和文房用具，及仿生的菱角、扁豆、花生、玉蜀黍、蘑菇、栗子、藕片、荸荠、核桃、白果等，无不精妙，给人以活生生鲜灵灵的审美感受，令人拍案叫绝。他还开创了壶体镌刻诗铭装饰，署款刻名和印章并用，把中国传统的绘画书法艺术和书款方式，引入紫砂茗壶的制作工艺，使原来光素无华的壶体增添了许多隽永的装饰情趣，把壶艺、品茗和文人的风雅情致融为一体，使紫砂茗壶更具浓厚的书卷气，极大地提高了紫砂茗壶的艺术价值和文化价值。再加之诗铭、书款的书法雅健娟秀，富有晋唐笔意，为文人学士、名臣公卿争相觅取，名孚中外，赢来了北京城里"海外竞求鸣远碟"的赞语。他雕镂兼长，上承明代精粹，下开清代格局，他的作品，可与夏、商、周三代的金、玉器物并列，可与实用、观赏同在，成为真正的艺术品，从而进入中国紫砂陶艺殿堂的顶端，亘贯古今，熠熠生辉。以在紫砂陶艺发展史上建立的卓越功勋，陈鸣远成为时大彬之后在紫砂陶艺史上全面精熟的最杰出的一代名师。

王南林制 镶玉圆扁壶　　▪长：18cm　▪高：16cm　▪直径：6cm

王南林

　　清代雍正至乾隆年间人。自诩为唐代茶圣陆羽的后裔。近现代紫砂研究专家韩其楼在《紫砂壶全书》中载："王南林善制彩釉紫砂壶，大量吸收江西景德镇瓷器装饰手法，把紫砂茗壶做得跟瓷壶相比，简直到了无法辨清的地步。"他曾为宫廷制作，喜用紫砂团泥，创紫砂"炉均"釉装饰，技艺精工。造型刻意仿古，以商、周、秦、汉青铜器为蓝本，镌刻古雅精美，且件件结构匀称坚如古时金铁。民国时期收藏家、鉴赏家李景康、张虹著《阳羡砂壶图考》中述："南林所制烧釉宜壶，每绘粉彩花鸟，净身烧釉。宜壶本创于明季，惟粉彩花鸟盛于乾隆期。其茗壶传器有王南林制篆书方印。"北京博物馆藏有南林制、御制字样的作品。著有《素身圆清壶》传世。清代著名陶艺家。

陈鸣远 悟空尝桃 硬提梁壶 ■长:15cm ■高:16cm ■直径:11cm

陈鸣远

名远,字鸣远,号鹤峰、石霞山人、壶隐,活动于清代康熙年间。江苏宜兴人,原籍浙江桐乡,制壶名师陈子畦之子。他所有作品,立意深远,主题内涵,无声诉说,表达理念,精致雕塑,技艺精湛,让人细品,哲理无限。他一生所制茗壶、雅玩品类达数十种,无不精美绝伦,尤以仿古代青铜器爵、觚、鼎、簋等古器的紫砂茗壶作品,工艺精,品位高,古趣盎然。创新立意塑造的紫砂茗壶作品更是精道至极,都以特写彰显内载,形态表现意境,这种高超思维的制作手法,使自然生态和物体固态的技术造化,表现得淋漓尽致,惟妙惟肖。他还制作了许多案头陈设的雅玩和文房用具,及仿生的菱角、扁豆、花生、玉蜀黍、蘑菇、栗子、藕片、荸荠、核桃、白果等,无不精妙,给人以活生生鲜灵灵的审美感受,令人拍案叫绝。他还开创了壶体镌刻诗铭装饰,署款刻名和印章并用,把中国传统的绘画书法艺术和书款方式,引入紫砂茗壶的制作工艺,使原来光素无华的壶体增添了许多隽永的装饰情趣,把壶艺、品茗和文人的风雅情致融为一体,使紫砂茗壶更具浓厚的书卷气,极大地提高了紫砂茗壶的艺术价值和文化价值。再加之诗铭、书款的书法雅健娟秀,富有晋唐笔意,为文人学士、名臣公卿争相觅取,名孚中外,赢来了北京城里"海外竞求鸣远碟"的赞语。他雕镂兼长,上承明代精粹,下开清代格局,他的作品,可与夏、商、周三代的金、玉器物并列,可与实用、观赏同在,成为真正的艺术品,从而进入中国紫砂陶艺殿堂的顶端,亘贯古今,熠熠生辉。以在紫砂陶艺发展史上建立的卓越功勋,陈鸣远成为时大彬之后在紫砂陶艺史上全面精熟的最杰出的一代名师。

陈鸣远制 扭转乾坤壶　　■ 长：20cm　■ 高：10cm　■ 直径：6cm

陈鸣远

　　名远，字鸣远，号鹤峰、石霞山人、壶隐，活动于清代康熙年间。江苏宜兴人，原籍浙江桐乡，制壶名师陈子畦之子。他所有作品，立意深远，主题内涵，无声诉说，表达理念，精致雕塑，技艺精湛，让人细品，哲理无限。他一生所制茗壶、雅玩品类达数十种，无不精美绝伦，尤以仿古代青铜器爵、觚、鼎、簋等古彝器的紫砂茗壶作品，工艺精，品位高，古趣盎然。创新立意塑造的紫砂茗壶作品更是精道至极，都以特写彰显内载，形态表现意境，这种高超思维的制作手法，使自然生态和物体固态的技术造化，表现得淋漓尽致，惟妙惟肖。他还制作了许多案头陈设的雅玩和文房用具，及仿生的菱角、扁豆、花生、玉蜀黍、蘑菇、栗子、藕片、荸荠、核桃、白果等，无不精妙，给人以活生生鲜灵灵的审美感受，令人拍案叫绝。他还开创了壶体镌刻诗铭装饰，署款刻名和印章并用，把中国传统的绘画书法艺术和书款方式，引入紫砂茗壶的制作工艺，使原来光素无华的壶体增添了许多隽永的装饰情趣，把壶艺、品茗和文人的风雅情致融为一体，使紫砂茗壶更具浓厚的书卷气，极大地提高了紫砂茗壶的艺术价值和文化价值。再加之诗铭、书款的书法雅健娟秀，富有晋唐笔意，为文人学士、名臣公卿争相觅取，名孚中外，赢来了北京城里"海外竞求鸣远碟"的赞语。他雕镂兼长，上承明代精粹，下开清代格局，他的作品，可与夏、商、周三代的金、玉器物并列，可与实用、观赏同在，成为真正的艺术品，从而进入中国紫砂陶艺殿堂的顶端，亘贯古今，熠熠生辉。以在紫砂陶艺发展史上建立的卓越功勋，陈鸣远成为时大彬之后在紫砂陶艺史上全面精熟的最杰出的一代名师。

大清宫廷监造 福满天下壶 ▪ 长：14cm ▪ 高：13cm ▪ 直径：8cm

　　东汉至今，瓷陶器向来是"瓷器注窑口，紫砂重名头"，以示其身世和身价。其中只有佛、神人物类的瓷陶圆雕品是既无窑名又无制者名头，是为显示神圣不可逾越的特殊尊严。其实陶艺师们依作品的来由和去向，依然是有序可循的。正如清末北京大学国文系教授许之衡〔清光绪三年（1877年）至民国二十四年（1935年）〕在《饮流斋说瓷》中云："瓷款之堂名、斋名者，大抵分四类，一为帝王，一为亲贵，一为名士而达官者，一为雅匠良工也。""宫廷鉴制"印、"御制"印以及"朝代年份"印的紫砂艺术制品，也从来不是一个紫砂陶艺师所能独立完成的。这些拥有高贵头衔的珍贵作品从立意造型到精细制作，都是由当时的达官贵人、文人士大夫们，同一些高知名度的陶塑大师们，绝技智慧共同升华后所产生的艺术结果。同时，也是为后人留下代表当时紫艺水平的一个宝贵典范。

阿曼陀室 束竹壶　　■ 长：17cm　■ 高：8cm　■ 直径：10cm

陈曼生

　　名鸿寿，字子恭，号曼生，一号种榆道人、曼公、曼龚、夹公亭长、胥溪渔隐、种榆仙吏、种榆仙客、夹谷亭长、老曼等。生于清代乾隆三十三年（1768年），卒于清代道光二年（1822年）。浙江钱塘（今余杭）人。嘉庆六年（1801年）拔贡，官至淮安同知，后官溧阳县知县。善书法，篆刻，好紫砂工艺。曾聘制陶家杨彭年兄妹到家中为之制作紫砂茗壶，经其铭刻诗、词、书、画，壶底钤"阿曼陀室"堂号印，使"壶随字贵，字依壶传"的重大推举，风行一时，得以流传至今，其文化内涵和陶艺的叠加效应，一直影响着今天的茗壶设计。自此，得"曼生壶"者，珍视如璧。其"阿曼陀室"和"曼生十八式"壶样，从"阿曼陀室"的"青山个个伸头看，看我庵中吃苦茶"的对联，生动形象地描绘陈曼生心旷神怡的场景中，可看出陈曼生在壶中寻求的是一种精神与情感寄托，并以此来释放自己的才情与感悟。这使"曼生壶"充满了灵气，从而融会了道、儒、佛家思想的精华，融进了陈曼生一生的情感与文采，成就了陈曼生留与后人的标志性文化标识。陈曼生一生涉艺广泛，造诣极高，是清代横跨政界的一位诗、文、书、画、印全面发展的文学家、艺术家、书画家、篆刻家、紫砂壶制作的陶艺家。"西泠八家"之一。

王南林制 福禄壶   ▪ 长：18cm   ▪ 高：14cm   ▪ 直径：11cm

王南林

  清代雍正至乾隆年间人。自诩为唐代茶圣陆羽的后裔。近现代紫砂研究专家韩其楼在《紫砂壶全书》中载："王南林善制彩釉紫砂壶，大量吸收江西景德镇瓷器装饰手法，把紫砂茗壶做得跟瓷壶相比，简直到了无法辨清的地步。"他曾为宫廷制作，喜用紫砂团泥，创紫砂"炉均"釉装饰，技艺精工。造型刻意仿古，以商、周、秦、汉青铜器为蓝本，镌刻古雅精美，且件件结构匀称坚如古时金铁。民国时期收藏家、鉴赏家李景康、张虹著《阳羡砂壶图考》中述："南林所制烧釉宜壶，每绘粉彩花鸟，净身烧釉。宜壶本创于明季，惟粉彩花鸟盛于乾隆期。其茗壶传器有王南林制篆书方印。"北京博物馆藏有南林制、御制字样的作品。清代著名陶艺家，著有《素身圆清壶》传世。

阿曼陀室 环环相扣壶　　■ 长：13cm　■ 高：10cm　■ 直径：8cm

陈曼生

原名名鸿寿，字子恭，号曼生，一号种榆道人、曼公、曼龚、夹公亭长、胥溪渔隐、种榆仙吏、种榆仙客、夹谷亭长、老曼等。生于清代乾隆三十三年（1768年），卒于清代道光二年（1822年）。浙江钱塘（今余杭）人。嘉庆六年（1801年）拔贡，官至淮安同知，后官溧阳县知县。善书法，篆刻，好紫砂工艺。曾聘制陶家杨彭年兄妹到家中为之制作紫砂茗壶，经其铭刻诗、词、书、画，壶底铃"阿曼陀室"堂号印，使"壶随字贵，字依壶传"的重大推举，风行一时，得以流传至今，其文化内涵和陶艺的叠加效应，一直影响着今天的茗壶设计。自此，得"曼生壶"者，珍视如璧。其"阿曼陀室"和"曼生十八式"壶样，从"阿曼陀室"的"青山个个伸头看，看我庵中吃苦茶"的对联，生动形象地描绘陈曼生心旷神怡的场景中，可看出陈曼生在壶中寻求的是一种精神与情感寄托，并以此来释放自己的才情与感悟。这使"曼生壶"充满了灵气，从而融汇了道、儒、佛家思想的精华，融进了陈曼生一生的情感与文采，成就了陈曼生留与后人的标志性文化标识。上图的"环环相扣"壶，是由陈曼生铭文"成仙成佛且成人"，出自其一副对联的下联，上联是"课子课孙先课己"。让我们看出陈曼生高尚的人生观，及一切从自己做起的难得思想情操。杨彭年亲力亲为，在壶盖内及壶把的下端，分别铃印"彭年"二字篆字印。成就了陈杨二人又一次珠联璧合的最佳作品。陈曼生一生涉艺广泛，造诣极高，是清代横跨政界的一位诗、文、书、画、印全面发展的"西泠八家"之一的文学家、艺术家、书画家、篆刻家、紫砂制作的陶艺家。

黄玉麟作 万象回春壶　　■ 长：15cm　■ 高：12cm　■ 直径：9cm

黄玉麟

　　原名玉林，曾用名玉麐，生于清代道光二十二年（1842年），殁于民国三年（1914年）。江苏宜兴蜀山人，原籍丹阳，幼孤。清代咸丰六年（1856年）满13岁时，师从邵湘甫，学陶器三年。清代光绪二十一年（1895年）黄玉麟53岁时，受聘于喜收藏、爱古董，历任广东、湖南巡抚吴大澂府上，为其创新制作紫砂茗壶。由此，黄玉麟得以观彝鼎及古器，艺日进，誉时增，其壶底钤"客斋"阳文篆书款的作品，泥色莹洁，外观清雅，格度浑厚，光洁圆润，精巧工整，灵妙天然。深受吴大澂的喜爱及名人士大夫们广泛的欢迎，黄玉麟亦名声大振。此间，吴大澂为感谢黄玉麟的精心创作，特亲自篆刻"黄玉麟作"四字古篆字印款章相赠，黄玉麟视为珍宝，一直沿用到人生终年。清代光绪二十四年（1898年），黄玉麟载誉归乡，吴大澂派人送来亲自订制书写的红木横匾一块，上书"壶家妙手"四字，用阳文篆书描金，署款"愙斋 吴大澂"，高高挂于黄玉麟家正门中堂，至今传为美谈。进入晚年后的黄玉麟，每制一壶，随着技艺愈深，必反复斟酌推敲，精心构撰，积日月而成。近现代紫砂陶艺大师顾景舟推崇为："黄玉麟是邵大亨之后唯一杰出的制壶大家"。

黄玉麟作 龙九子壶　　■长：20cm　■高：12cm　■直径：14cm

黄玉麟

原名玉林，曾用名玉麐，生于清代道光二十二年（1842年），殁于民国三年（1914年）。江苏宜兴蜀山人，原籍丹阳，幼孤。清代咸丰六年（1856年）满13岁时，师从邵湘甫，学陶器三年。清代光绪二十一年（1895年）黄玉麟53岁时，受聘于喜收藏、爱古董，历任广东、湖南巡抚吴大澂府上，为其创新制作紫砂茗壶。由此，黄玉麟得以观彝鼎及古器，艺日进，誉时增，其壶底钤"客斋"阳文篆书款的作品，泥色莹洁，外观清雅，格度浑厚，光洁圆润，精巧工整，灵妙天然。深受吴大澂的喜爱及名人士大夫们广泛的欢迎，黄玉麟亦名声大振。此间，吴大澂为感谢黄玉麟的精心创作，特亲自篆刻"黄玉麟作"四字古篆字印款章相赠，黄玉麟视为珍宝，一直沿用到人生终年。清代光绪二十四年（1898年），黄玉麟载誉归乡，吴大澂派人送来亲自订制书写的红木横匾一块，上书"壶家妙手"四字，用阳文篆书描金，署款"愙斋 吴大澂"，高高挂于黄玉麟家正门中堂，至今传为美谈。进入晚年后的黄玉麟，每制一壶，随着技艺愈深，必反复斟酌推敲，精心构撰，积日月而成。近现代紫砂陶艺大师顾景舟推崇为："黄玉麟是邵大亨之后唯一杰出的制壶大家"。

何心舟制 一瓢酌尽壶　　■ 长：19cm　■ 高：7cm　■ 直径：12cm

何心舟

字子陶，号韵石、石林、石林居士，斋名"曼陀华馆"。约活动于清代道光九年（1829年）至清代光绪二十三年（1897年）。浙江绍兴人。工书法、篆刻，技艺高超。长期与上海画家任伯年、胡公寿、梅调鼎等多有合作往来。曾与王东石于宁波筑窑烧制紫砂壶，史称"玉成窑"，所制壶器，独具匠心，造工精练、简巧，且制器造型往往别具一格。取材自然，文化气息极浓，数量珍罕，被古今收藏界视为珍品。紫砂界曾有这样的评价："陶艺传承，绵延至今，雅俗共赏，文化先行，前有陈曼生，后有何心舟。"近现代紫砂陶艺大师顾景舟在《溯源话艺》中写道："同治至光绪的数十年中，在文人与紫砂陶艺的结合史上继续谱写光彩的，要推梅调鼎与何心舟的合作，所呈现出来的是耳目一新的文人紫砂壶。" 何心舟在清代晚期把文人紫砂推向绝唱的巅峰，成为享誉业内的制壶大家。

邵友廷造 浮雕九龙戏珠壶　　▪长：22cm　▪高：13cm　▪直径：11cm

邵友廷

　　约活动于清代道光至同治年间。江苏宜兴上袁村人。他精工壶艺，立意新颖，造型别致，手法表现极为细腻。尤其精熟圆浮雕九龙戏珠一类的造型，他能塑造的龙条条灵动，形态逼真，活灵活现，浑然一体，形制独特，腴丽技艺，鬼斧神工。所制龙壶的紫砂艺术作品，前无古人，后少来者，尽显登峰造极。他的仿春秋布币的制壶作品独树一帜，绝无仅有。邵友廷紫砂作品，大多盖有回纹边内刻"邵友廷造"楷书印和单边"邵友廷造"楷书印，及尤为珍稀的刻款"邵友廷"和"友廷"两字的椭圆形阳文篆印。他的独到之艺受到当时紫砂陶艺界的广泛关注与赞赏的同时，亲力亲为传授给继子程寿珍，为其奠定制作紫砂艺术品的坚实基础，成为屡摘国际金奖的名手。邵友廷是清末紫砂陶艺的著名大家。

陈子畦 福在眼前壶　　■长：15cm　■高：12cm　■直径：9cm

陈子畦

　　生于明代天启五年（1625年），殁于清代康熙二十九年（1690年）。浙江桐乡人，陈鸣远、陈汉文之父。《桐乡县志》载："陈子畦仿友泉壶最佳，工制壶、杯、瓶、盒诸物，为世所珍。作品多紫泥，胎薄而工，且以擅作虫蛀残叶见称。书法有晋、唐之风。"民国时期收藏家、鉴赏家李景康、张虹著《阳羡砂壶图考》中录有二器："不耽阁"藏"紫砂小壶"一具；形做圆珠式，惜流缺重补。另为碧山壶馆藏"紫砂大壶"一具，形做扁花篮式，身胎甚薄，底钤"陈子畦"三字楷书。香港中文大学文物馆藏"南瓜壶"一具，紫泥调砂，壶身做成八瓣南瓜形，壶把为瓜藤，壶流为卷叶，壶盖为瓜蒂，整体浑然天成，自然有致，把下钤"陈子畦"篆文方印。另香港茶具文物馆藏"贴栀子花树段笔筒"一件，配色和谐，贴画生动，器做工整，底钤"陈子畦"篆文方印。陈子畦的作品做工尤精，造型新颖，壶体匀称，达到精妙之极。对其子陈鸣远、陈汉文在壶艺上的传教影响十分深刻。清代早期著名的紫砂陶艺大师。

邵景南制 泥绘牡丹壶   ▪长：16cm   ▪高：12cm   ▪直径：11cm

邵景南

　　号留佩主人，生于清代嘉庆元年（1796年），卒于清代同治十三年（1874年）。工于制壶，善仿明式，深得古法，擅于品类创新，作品严谨秀巧而有气势，有一些作品可实用也可把玩。所制壶器均由邵二泉铭刻，壶底常用"邵景南制"圆形回纹边框阳文篆字印，盖内常用"景南"椭圆楷书章，或"邵景南制"阳文楷书印，壶盖内用"景南"椭圆楷书章。清代道光年间制壶名艺人。清末宜兴上袁村"邵家壶"传人。晚清八大家之一的制壶大家。

邵旭茂制 狮钮圆壶 ▪长：17cm ▪高：10cm ▪直径：10cm

邵旭茂

活动于清代康熙至雍正年间。江苏宜兴上袁村人。民国时期收藏家、鉴赏家李景康、张虹著《阳羡砂壶图考》中称："邵旭茂制壶似陈用卿，造工精细，质坚如玉，精湛绝伦。"清代著名的紫砂陶艺家。

清德堂 玉环壶　　■ 长：19cm　■ 高：7cm　■ 直径：12cm

清德堂

宋荦任江苏巡抚时，于清代康熙三十一年（1692年），在宜兴定制紫砂壶的堂号。

宋荦

字牧仲，号漫堂，又号绵津山人，晚号西陂老人、西陂放鸭翁。河南商丘人。生于明代崇祯七年（1634年），殁于清代康熙五十二年（1713年）。宋荦博学嗜古，工诗词古文，与王士禛齐名。善水墨兰竹，超妙工致。精鉴赏，收藏名迹甚富，爱好壶艺。官至吏部尚书。宋荦因其为官清廉和超人才干，被康熙帝誉为"清廉为天下巡抚第一"。康熙帝三次南巡皆有宋荦迎送。康熙四十四年（1705年），宋荦因操劳过度，气脱旧病复发。康熙帝闻讯，特"颁赐珍药"，赐御书"福""寿"二字。同时，立派御医黄运为之医治，并赐圣药和高丽参，御医一直跟随宋荦身边，直到病愈。宋荦深得康熙帝的恩宠，多次被提拔重用。民国时期收藏家、鉴赏家李景康、张虹著《阳羡砂壶图考》中称：牧仲曾游宜兴东坡书院，前有石坊，题曰"东坡先生买田处"，牧仲中丞手笔也。并曰砂壶传器，有"清德堂"篆印者，必为宋荦所定制。"清德堂"紫艺品的存在有着非同寻常的传承意义。

清德堂 树瘿壶　　■ 长：18cm　　■ 高：10cm　　■ 直径：10cm

清德堂

宋荦任江苏巡抚时，于清代康熙三十一年（1692年），在宜兴定制紫砂壶的堂号。

宋荦

字牧仲，号漫堂，又号绵津山人，晚号西陂老人、西陂放鸭翁。河南商丘人。生于明代崇祯七年（1634年），殁于清代康熙五十二年（1713年）。宋荦博学嗜古，工诗词古文，与王士祯齐名。善水墨兰竹，超妙工致。精鉴赏，收藏名迹甚富，爱好壶艺。官至吏部尚书。宋荦因其为官清廉和超人才干，被康熙帝誉为"清廉为天下巡抚第一"。康熙帝三次南巡皆有宋荦迎送。康熙四十四年（1705年），宋荦因操劳过度，气脱旧病复发。康熙帝闻讯，特"颁赐珍药"，赐御书"福""寿"二字。同时，立派御医黄运为之医治，并赐圣药和高丽参，御医一直跟随宋荦身边，直到病愈。宋荦深得康熙帝的恩宠，多次被提拔重用。民国时期收藏家、鉴赏家李景康、张虹著《阳羡砂壶图考》中称：牧仲曾游宜兴东坡书院，前有石坊，题曰"东坡先生买田处"，牧仲中丞手笔也。并曰砂壶传器，有"清德堂"篆印者，必为宋荦所定制。"清德堂"紫艺品的存在有着非同寻常的传承意义。

荆溪人家 八方来财壶　　■长：20cm　■高：12cm　■直径：12cm

黄玉麟作 软提梁壶　　■长：14cm　■高：11cm　■直径：11cm

黄玉麟

　　原名玉林，曾用名玉麐，生于清代道光二十二年（1842年），殁于民国三年（1914年）。江苏宜兴蜀山人，原籍丹阳，幼孤。清代咸丰六年（1856年）满13岁时，师从邵湘甫，学陶器三年。清代光绪二十一年（1895年）黄玉麟53岁时，受聘于喜收藏、爱古董，历任广东、湖南巡抚吴大澂府上，为其创新制作紫砂茗壶。由此，黄玉麟得以观彝鼎及古器，艺日进，誉时增，其壶底钤"客斋"阳文篆书款的作品，泥色莹洁，外观清雅，格度浑厚，光洁圆润，精巧工整，灵妙天然。深受吴大澂的喜爱及名人士大夫们广泛的欢迎，黄玉麟亦名声大振。此间，吴大澂为感谢黄玉麟的精心创作，特亲自篆刻"黄玉麟作"四字古篆字印款章相赠，黄玉麟视为珍宝，一直沿用到人生终年。清代光绪二十四年（1898年），黄玉麟载誉归乡，吴大澂派人送来亲自订制书写的红木横匾一块，上书"壶家妙手"四字，用阳文篆书描金，署款"愙斋 吴大澂"，高高挂于黄玉麟家正门中堂，至今传为美谈。 进入晚年后的黄玉麟，每制一壶，随着技艺愈深，必反复斟酌推敲，精心构撰，积日月而成。近现代紫砂陶艺大师顾景舟推崇为："黄玉麟是邵大亨之后唯一杰出的制壶大家"。

滕县知县 "扬州八怪" 李鱓壶　　■长：31cm　■高：24cm　■直径：18cm

李鱓

　　字宗扬，号复堂，又号懊道人、滕薛大夫、中洋氏、黑磨人、苦李木头老李等。生于清代康熙二十五年（1686年），卒于清代乾隆二十五年（1760年）。江苏扬州兴化县（今江苏省兴化市）人。李鱓于清代康熙五十年（1711年）中举，清代康熙五十三年（1714年）以绘画召为内廷供奉，因不愿受正统派画风束缚而被排挤出来。清代乾隆三年（1738年），以检选出任山东省滕县知县。李氏祠堂特为李鱓步入官宦之道而作此壶以纪念。随后因以恶语相加大吏，被罢官归田。在两革科名一贬官之后，李鱓至扬州卖画为生，其作品对晚清花鸟画有较大的影响。更大影响的是，他父辈以上连续九世有人官至一品，李鱓确不畏权政，不恋官场，弃政从文，坦然面对的一种傲骨精神，值得后人敬仰。这把李鱓任官纪念壶，更显出它特别存在的意义。

愙斋 镶玉腰鼓壶　　■长：16cm　■高：11cm　■直径：9cm

黄玉麟

原名玉林，曾用名玉麐，生于清代道光二十二年（1842年），殁于民国三年（1914年）。江苏宜兴蜀山人，原籍丹阳，幼孤。清代咸丰六年（1856年）满13岁时，师从邵湘甫，学陶器三年。清代光绪二十一年（1895年）黄玉麟53岁时，受聘于喜收藏、爱古董，历任广东、湖南巡抚吴大澂府上，为其创新制作紫砂茗壶。由此，黄玉麟得以观彝鼎及古器，艺日进，誉时增，其壶底钤"愙斋"阳文篆书款的作品，泥色莹洁，外观清雅，格度浑厚，光洁圆润，精巧工整，灵妙天然。深受吴大澂的喜爱及名人士大夫们广泛的欢迎，黄玉麟亦名声大振。此间，吴大澂为感谢黄玉麟的精心创作，特亲自篆刻"黄玉麟作"四字古篆字印款章相赠，黄玉麟视为珍宝，一直沿用到人生终年。清代光绪二十四年（1898年），黄玉麟载誉归乡，吴大澂派人送来亲自订制书写的红木横匾一块，上书"壶家妙手"四字，用阳文篆书描金，署款"愙斋 吴大澂"，高高挂于黄玉麟家正门中堂，至今传为美谈。进入晚年后的黄玉麟，每制一壶，随着技艺愈深，必反复斟酌推敲，精心构撰，积日月而成。近现代紫砂陶艺大师顾景舟推崇为："黄玉麟是邵大亨之后唯一杰出的制壶大家"。

陈鸣远 梨形壶　　■ 长：14cm　　■ 高：11cm　　■ 直径：9cm

陈鸣远

　　名远，字鸣远，号鹤峰、石霞山人、壶隐，活动于清代康熙年间。江苏宜兴人，原籍浙江桐乡，制壶名师陈子畦之子。他所有作品，立意深远，主题内涵，无声诉说，表达理念，精致雕塑，技艺精湛，让人细品，哲理无限。他一生所制茗壶、雅玩品类达数十种，无不精美绝伦，尤以仿古代青铜器爵、觚、鼎、簠等古彝器的紫砂茗壶作品，工艺精，品位高，古趣盎然。创新立意塑造的紫砂茗壶作品更是精道至极，都以特写彰显内载，形态表现意境，这种高超思维的制作手法，使自然生态和物体固态的技术造化，表现得淋漓尽致，惟妙惟肖。他还制作了许多案头陈设的雅玩和文房用具，及仿生的菱角、扁豆、花生、玉蜀黍、蘑菇、栗子、藕片、荸荠、核桃、白果等，无不精妙，给人以活生生鲜灵灵的审美感受，令人拍案叫绝。他还开创了壶体镌刻诗铭装饰，署款刻名和印章并用，把中国传统的绘画书法艺术和书款方式，引入紫砂茗壶的制作工艺，使原来光素无华的壶体增添了许多隽永的装饰情趣，把壶艺、品茗和文人的风雅情致融为一体，使紫砂茗壶更具浓厚的书卷气，极大地提高了紫砂茗壶的艺术价值和文化价值。再加之诗铭、书款的书法雅健娟秀，富有晋唐笔意，为文人学士、名臣公卿争相觅取，名浮中外，赢来了北京城里"海外竞求鸣远碟"的赞语。他雕镂兼长，上承明代精粹，下开清代格局，他的作品，可与夏、商、周三代的金、玉器物并列，可与实用、观赏同在，成为真正的艺术品，从而进入中国紫砂陶艺殿堂的顶端，亘贯古今，熠熠生辉。以在紫砂陶艺发展史上建立的卓越功勋，陈鸣远成为时大彬之后在紫砂陶艺史上全面精熟的最杰出的一代名师。

八十三老人邵盘珍造 文旦壶　　■ 长：14cm　　■ 高：12cm　　■ 直径：10cm

邵盘珍

　　生于明代万历二十二年（1594年），卒年不详。邵盘珍本人及作品有文字记载的：据知名紫砂壶研究专家韩其楼编著《紫砂壶全书》附录四"名家名壶款式举要"中载："邵盘珍有鼓腹孟臣小壶之作，署（八三老人邵盘珍造）楷书长方印款。"造型精整端庄、格调高古、韵致清绝。其铭文，刀法挺劲老辣，大有古代晋唐书法之风。据了解，鼓腹小壶同型另存二只，均有残损。一只存陕西宝鸡博物馆，另一只存民间收藏家。邵盘珍是明末清初时期的紫砂陶艺家。

陈鸣远 虚扁壶　　■ 长：16cm　■ 高：7cm　■ 直径：11cm

陈鸣远

　　名远，字鸣远，号鹤峰、石霞山人、壶隐，活动于清代康熙年间。江苏宜兴人，原籍浙江桐乡，制壶名师陈子畦之子。他所有作品，立意深远，主题内涵，无声诉说，表达理念，精致雕塑，技艺精湛，让人细品，哲理无限。他一生所制茗壶、雅玩品类达数十种，无不精美绝伦，尤以仿古代青铜器爵、觚、鼎、簠等古彝器的紫砂茗壶作品，工艺精，品位高，古趣盎然。创新立意塑造的紫砂茗壶作品更是精道至极，都以特写彰显内载，形态表现意境，这种高超思维的制作手法，使自然生态和物体固态的技术造化，表现得淋漓尽致，惟妙惟肖。他还制作了许多案头陈设的雅玩和文房用具，及仿生的菱角、扁豆、花生、玉蜀黍、蘑菇、栗子、藕片、荸荠、核桃、白果等，无不精妙，给人以活生生鲜灵灵的审美感受，令人拍案叫绝。他还开创了壶体镌刻诗铭装饰，署款刻名和印章并用，把中国传统的绘画书法艺术和书款方式，引入紫砂茗壶的制作工艺，使原来光素无华的壶体增添了许多隽永的装饰情趣，把壶艺、品茗和文人的风雅情致融为一体，使紫砂茗壶更具浓厚的书卷气，极大地提高了紫砂茗壶的艺术价值和文化价值。再加之诗铭、书款的书法雅健娟秀，富有晋唐笔意，为文人学士、名臣公卿争相觅取，名孚中外，赢来了北京城里"海外竞求鸣远碟"的赞语。他雕镂兼长，上承明代精粹，下开清代格局，他的作品，可与夏、商、周三代的金、玉器物并列，可与实用、观赏同在，成为真正的艺术品，从而进入中国紫砂陶艺殿堂的顶端，亘贯古今，熠熠生辉。以在紫砂陶艺发展史上建立的卓越功勋，陈鸣远成为时大彬之后在紫砂陶艺史上全面精熟的最杰出的一代名师。

邵景南制 金蟾钮 汲直壶   ▪ 长：19cm ▪ 高：13cm ▪ 直径：11cm

邵景南

  号留佩主人，生于清代嘉庆元年（1796年），卒于清代同治十三年（1874年）。工于制壶，善仿明式，深得古法，擅于品类创新，作品严谨秀巧而有气势，有一些作品可实用也可把玩。所制壶器均由邵二泉铭刻，壶底常用"邵景南制"圆形回纹边框阳文篆字印，盖内常用"景南"椭圆楷书章，或"邵景南制"阳文楷书印，壶盖内用"景南"椭圆楷书章。清代道光年间制壶名艺人。清末宜兴上袁村"邵家壶"传人。晚清八大家之一的制壶大家。

咸丰御制 带底座柱础壶　　▪ 长：17cm　▪ 高：12cm　▪ 直径：10cm

　　东汉至今，瓷陶器向来是"瓷器注窑口，紫砂重名头"，以示其身世和身价。其中只有佛、神人物类的瓷陶圆雕品是既无窑名又无制者名头，是为显示神圣不可逾越的特殊尊严。其实陶艺师们依作品的来由和去向，依然是有序可循的。正如清末北京大学国文系教授许之衡〔清光绪三年（1877年）至民国二十四年（1935年）〕在《饮流斋说瓷》中云："瓷款之堂名、斋名者，大抵分四类，一为帝王，一为亲贵，一为名士而达官者，一为雅匠良工也。""宫廷鉴制"印、"御制"印以及"朝代年份"印的紫砂艺术制品，也从来不是一个紫砂陶艺师所能独立完成的。这些拥有高贵头衔的珍贵作品从立意造型到精细制作，都是由当时的达官贵人、文人士大夫们，同一些高知名度的陶塑大师们，绝技智慧共同升华后所产生的艺术结果。同时，也是为后人留下代表当时紫艺水平的一个宝贵典范。

履泰字号 僧帽壶　　■长：13cm　■高：10cm　■直径：9cm

履泰字号

系马履泰紫砂堂号。

马履泰

字叔安，一字定民，号秋药，又号菽庵，别署药庵、虚谷。生于清代乾隆十一年（1746年），殁于清代道光九年（1829年），浙江仁和（今杭州）人，清代书法家。清代乾隆五十二年（1787年）进士，官拜御史、太常寺卿。致仕后，主讲敷文书院。工诗，性潇洒，善谐谑，博学洽闻，以文章、气节重于时。书宗唐人，古劲似李邕。好诵晚唐诗，爱花木，嗜生果，喜紫砂。杖履所至，望之若仙。中岁作画，涉笔即工，盖由学问、书法中来。山水苍率沈厚，自言："吾画但能作丑树顽石，自率胸臆，不悦时限。"著有《秋药庵集》，享年八十四岁。所定制紫艺品的立意型制、品位创技，要求极高，正如其堂号印一样。

王南林制 汉扁壶　　■长：16cm　■高：7cm　■直径：11cm

王南林

　　清代雍正至乾隆年间人。自诩为唐代茶圣陆羽的后裔。近现代紫砂研究专家韩其楼在《紫砂壶全书》中载："王南林善制彩釉紫砂壶,大量吸收江西景德镇瓷器装饰手法,把紫砂茗壶做得跟瓷壶相比,简直到了无法辨清的地步。"他曾为宫廷制作,喜用紫砂团泥,创紫砂"炉均"釉装饰,技艺精工。造型刻意仿古,以商、周、秦、汉青铜器为蓝本,镌刻古雅精美,且件件结构匀称坚如古时金铁。民国时期收藏家、鉴赏家李景康、张虹著《阳羡砂壶图考》中述："南林所制烧釉宜壶,每绘粉彩花鸟,净身烧釉。宜壶本创于明季,惟粉彩花鸟盛于乾隆期。其茗壶传器有王南林制篆书方印。"北京博物馆藏有南林制、御制字样的作品。清代著名陶艺家,著有《素身圆清壶》传世。

冰心道人 如意壶　　■ 长：17cm　　■ 高：8cm　　■ 直径：11cm

程寿珍

　　号冰心道人。生于清代咸丰八年（1858年），卒于中华民国二十八年（1939年）。江苏宜兴上袁村人。师承养父邵友庭，精艺熟练，擅长制形体简练的壶式，作品粗犷中有韵味，所制的"掇球壶"最负盛名，壶是由三个大、中、小的圆球重叠而垒成，故称掇球壶。其造型以优美弧线组成主体，线条流通，视觉感极为舒适，整把壶稳健丰润。该壶于清宣统二年（1910年），由阳羡陶器公司推荐到江苏江宁（今南京市）举行的第一届南洋劝业会获最高金奖。在中华民国四年（1915年）美国旧金山举办的太平洋巴拿马万国国际赛会和中华民国二十一年（1932年）美国芝加哥博览会上，分获头等奖和优秀奖。这是我国第一批紫砂器国际奖项的获得者。中晚年仅制掇球、仿鼓、汉扁三种壶式，钤印有"冰心道人""八十二老人"等，此后所制掇球壶底钤有"八十二老人作此茗壶，巴拿马和国货物品展览会曾得优奖"款识，盖印篆书"寿珍"印，把有"真记"楷书小印。清末紫砂陶艺大师。

冰心道人 大石瓢壶　　■ 长：18cm　■ 高：8cm　■ 直径：12cm

程寿珍

　　号冰心道人。生于清代咸丰八年（1858年），卒于中华民国二十八年（1939年）。江苏宜兴上袁村人。师承养父邵友庭，精艺熟练，擅长制形体简练的壶式，作品粗犷中有韵味，所制的"掇球壶"最负盛名，壶是由三个大、中、小的圆球重叠而垒成，故称掇球壶。其造型以优美弧线组成主体，线条流通，视觉感极为舒适，整把壶稳健丰润。该壶于清宣统二年（1910年），由阳羡陶器公司推荐到江苏江宁（今南京市）举行的第一届南洋劝业会获最高金奖。在中华民国四年（1915年）美国旧金山举办的太平洋巴拿马万国国际赛会和中华民国二十一年（1932年）美国芝加哥博览会上，分获头等奖和优秀奖。这是我国第一批紫砂器国际奖项的获得者。中晚年仅制掇球、仿鼓、汉扁三种壶式，钤印有"冰心道人""八十二老人"等，此后所制掇球壶底钤有"八十二老人作此茗壶，巴拿马和国货物品展览会曾得优奖"款识，盖印篆书"寿珍"印，把有"真记"楷书小印。清末紫砂陶艺大师。

潘富鼎制 珐琅彩绘六方壶　　■ 长：17cm　■ 高：12cm　■ 直径：10cm

潘富鼎

　　约活动于清代乾隆年间。工紫砂制壶，力主创新。所制茗壶，式度精妍，玲珑精巧，浑朴而妍整。主承制宫廷御品。清代著名紫砂陶艺家。

阿曼陀室 金钵壶　　■ 长：19cm　■ 高：9cm　■ 直径：12cm

陈曼生

　　名鸿寿，字子恭，号曼生，一号种榆道人、曼公、曼龚、夹公亭长、胥溪渔隐、种榆仙吏、种榆仙客、夹谷亭长、老曼等。生于清代乾隆三十三年（1768年），卒于清代道光二年（1822年）。浙江钱塘（今余杭）人。嘉庆六年（1801年）拔贡，官至淮安同知，后官溧阳县知县。善书法，篆刻，好紫砂工艺。曾聘制陶家杨彭年兄妹到家中为之制作紫砂茗壶，经其铭刻诗、词、书、画，壶底钤"阿曼陀室"堂号印，使"壶随字贵，字依壶传"的重大推举，风行一时，得以流传至今，其文化内涵和陶艺的叠加效应，一直影响着今天的茗壶设计。自此，得"曼生壶"者，珍视如璧。其"阿曼陀室"和"曼生十八式"壶样，从"阿曼陀室"的"青山个个伸头看，看我庵中吃苦茶"的对联，生动形象地描绘陈曼生心旷神怡的场景中，可看出陈曼生在壶中寻求的是一种精神与情感寄托，并以此来释放自己的才情与感悟。这使"曼生壶"充满了灵气，从而融汇了道、儒、佛家思想的精华，融进了陈曼生一生的情感与文采，成就了陈曼生留与后人的标志性文化标识。陈曼生一生涉艺广泛，造诣极高，是清代横跨政界的一位诗、文、书、画、印全面发展的"西泠八家"之一的文学家、艺术家、书画家、篆刻家、紫砂制作的陶艺家。

邵友廷 盘春壶　　■ 长：18cm　■ 高：9cm　■ 直径：10cm

邵友廷

　　约活动于清代道光至同治年间。江苏宜兴上袁村人。他精工壶艺，立意新颖，造型别致，手法表现极为细腻。尤其精熟圆浮雕九龙戏珠一类的造型，他能塑造的龙条条灵动、形态逼真、活灵活现，浑然一体，形制独特，胰丽技艺，鬼斧神工。所制龙壶的紫砂艺术作品，前无古人，后少来者，尽显登峰造极。他的仿春秋布币的制壶作品独树一帜，绝无仅有。邵友廷紫砂作品，大多盖有回纹边内刻"邵友廷造"楷书印和单边"邵友廷造"楷书印，及尤为珍稀的刻款"邵友廷"和"友廷"两字的椭圆形阳文篆印。他的独到之艺受到当时紫砂陶艺界的广泛关注与赞赏的同时，亲力亲为传授给继子程寿珍，为其奠定制作紫砂艺术品的坚实基础，成为屡摘国际金奖的名手。邵友廷是清末紫砂陶艺的著名大家。

黄玉麟作 高执壶　　■ 长：18cm　　■ 高：14cm　　■ 直径：10cm

黄玉麟

　　原名玉林，曾用名玉麐，生于清代道光二十二年（1842年），殁于民国三年（1914年）。江苏宜兴蜀山人，原籍丹阳，幼孤。清代咸丰六年（1856年）满13岁时，师从邵湘甫，学陶器三年。清代光绪二十一年（1895年）黄玉麟53岁时，受聘于喜收藏、爱古董，历任广东、湖南巡抚吴大澂府上，为其创新制作紫砂茗壶。由此，黄玉麟得以观彝鼎及古器，艺日进，誉时增，其壶底钤"愙斋"阳文篆书款的作品，泥色莹洁，外观清雅，格度浑厚，光洁圆润，精巧工整，灵妙天然。深受吴大澂的喜爱及名人士大夫们广泛的欢迎，黄玉麟亦名声大振。此间，吴大澂为感谢黄玉麟的精心创作，特亲自篆刻"黄玉麟作"四字古篆字印款章相赠，黄玉麟视为珍宝，一直沿用到人生终年。清代光绪二十四年（1898年），黄玉麟载誉归乡，吴大澂派人送来亲自订制书写的红木横匾一块，上书"壶家妙手"四字，用阳文篆书描金，署款"愙斋 吴大澂"，高高挂于黄玉麟家正门中堂，至今传为美谈。 进入晚年后的黄玉麟，每制一壶，随着技艺愈深，必反复斟酌推敲，精心构撰，积日月而成。近现代紫砂陶艺大师顾景舟推崇为："黄玉麟是邵大亨之后唯一杰出的制壶大家"。

陈正酉制 圆台壶 ▪长：16cm ▪高：14cm ▪直径：9cm

陈鸣远制 竹节壶　　▪长：19cm　▪高：7cm　▪直径：11cm

陈鸣远

　　名远，字鸣远，号鹤峰、石霞山人、壶隐，活动于清代康熙年间。江苏宜兴人，原籍浙江桐乡，制壶名师陈子畦之子。他所有作品，立意深远，主题内涵，无声诉说，表达理念，精致雕塑，技艺精湛，让人细品，哲理无限。他一生所制茗壶、雅玩品类达数十种，无不精美绝伦，尤以仿古代青铜器爵、觚、鼎、簋等古彝器的紫砂茗壶作品，工艺精，品位高，古趣盎然。创新立意塑造的紫砂茗壶作品更是精道至极，都以特写彰显内载，形态表现意境，这种高超思维的制作手法，使自然生态和物体固态的技术造化，表现得淋漓尽致，惟妙惟肖。他还制作了许多案头陈设的雅玩和文房用具，及仿生的菱角、扁豆、花生、玉蜀黍、蘑菇、栗子、藕片、荸荠、核桃、白果等，无不精妙，给人以活生生鲜灵灵的审美感受，令人拍案叫绝。他还开创了壶体镌刻诗铭装饰，署款刻名和印章并用，把中国传统的绘画书法艺术和书款方式，引入紫砂茗壶的制作工艺，使原来光素无华的壶体增添了许多隽永的装饰情趣，把壶艺、品茗和文人的风雅情致融为一体，使紫砂茗壶更具浓厚的书卷气，极大地提高了紫砂茗壶的艺术价值和文化价值。再加之诗铭、书款的书法雅健娟秀，富有晋唐笔意，为文人学士、名臣公卿争相觅取，名孚中外，赢来了北京城里"海外竞求鸣远碟"的赞语。他雕镂兼长，上承明代精粹，下开清代格局，他的作品，可与夏、商、周三代的金、玉器物并列，可与实用、观赏同在，成为真正的艺术品，从而进入中国紫砂陶艺殿堂的顶端，亘贯古今，熠熠生辉。以在紫砂陶艺发展史上建立的卓越功勋，陈鸣远成为时大彬之后在紫砂陶艺史上全面精熟的最杰出的一代名师。

阿曼陀室 井栏壶   ■长：16cm　■高：8cm　■直径：10cm

陈曼生

名鸿寿，字子恭，号曼生，一号种榆道人、曼公、曼龚、夹公亭长、胥溪渔隐、种榆仙吏、种榆仙客、夹谷亭长、老曼等。生于清代乾隆三十三年（1768年），卒于清代道光二年（1822年）。浙江钱塘（今余杭）人。嘉庆六年（1801年）拔贡，官至淮安同知，后官溧阳县知县。善书法，篆刻，好紫砂工艺。曾聘制陶家杨彭年兄妹到家中为之制作紫砂茗壶，经其铭刻诗、词、书、画，壶底钤"阿曼陀室"堂号印，使"壶随字贵，字依壶传"的重大推举，风行一时，得以流传至今，其文化内涵和陶艺的叠加效应，一直影响着今天的茗壶设计。自此，得"曼生壶"者，珍视如璧。其"阿曼陀室"和"曼生十八式"壶样，从"阿曼陀室"的"青山个个伸头看，看我庵中吃苦茶"的对联，生动形象地描绘陈曼生心旷神怡的场景中，可看出陈曼生在壶中寻求的是一种精神与情感寄托，并以此来释放自己的才情与感悟。这使"曼生壶"充满了灵气，从而融汇了道、儒、佛家思想的精华，融进了陈曼生一生的情感与文采，成就了陈曼生留与后人的标志性文化标识。陈曼生一生涉艺广泛，造诣极高，是清代横跨政界的一位诗、文、书、画、印全面发展的"西泠八家"之一的文学家、艺术家、书画家、篆刻家、紫砂制作的陶艺家。

大清乾隆年制 珐琅彩绘文旦壶　　▪ 长：16cm　▪ 高：11cm　▪ 直径：10cm

　　东汉至今，瓷陶器向来是"瓷器注窑口，紫砂重名头"，以示其身世和身价。其中只有佛、神人物类的瓷陶圆雕品是既无窑名又无制者名头，是为显示神圣不可逾越的特殊尊严。其实陶艺师们依作品的来由和去向，依然是有序可循的。正如清末北京大学国文系教授许之衡〔清光绪三年（1877年）至民国二十四年（1935年）〕在《饮流斋说瓷》中云："瓷款之堂名、斋名者，大抵分四类，一为帝王，一为亲贵，一为名士而达官者，一为雅匠良工也。""宫廷鉴制"印、"御制"印以及"朝代年份"印的紫砂艺术制品，也从来不是一个紫砂陶艺师所能独立完成的。这些拥有高贵头衔的珍贵作品从立意造型到精细制作，都是由当时的达官贵人、文人士大夫们，同一些高知名度的陶塑大师们，绝技智慧共同升华后所产生的艺术结果。同时，也是为后人留下代表当时紫艺水平的一个宝贵典范。

八三老人邵盘珍制 寿星壶　　■ 长：17cm　　■ 高：13cm　　■ 直径：11cm

邵盘珍

　　生于明代万历二十二年（1594年），卒年不详。邵盘珍本人及作品有文字记载的：据知名紫砂壶研究专家韩其楼编著《紫砂壶全书》附录四"名家名壶款式举要"中载："邵盘珍有鼓腹孟臣小壶之作，署（八三老人邵盘珍造）楷书长方印款。"造型精整端庄、格调高古、韵致清绝。其铭文，刀法挺劲老辣，大有古代晋唐书法之风。据了解，鼓腹小壶同型另存二只，均有残损。一只存陕西宝鸡博物馆，另一只存民间收藏家。邵盘珍是明末清初时期的紫砂陶艺家。

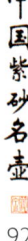

陈正酉制 玉韵壶　　▪ 长：17cm　▪ 高：9cm　▪ 直径：12cm

谦六造 珐琅彩绘高执壶　　▪长：15cm　▪高：27cm　▪直径：15cm

丁逊之

　　字谦六，号竹樵，生于清代道光二年（1822年），殁于清代光绪二十年（1894年）。河南固始人。咸丰六年（1856年）考入进士，官至户部主事。谦六紫砂茶器制作的闻名款识为阴文楷书"谦六"无边印，所制茗壶，形制别致，制器胎身光洁，胎身掺粗黄熟料，土釉甚佳。他还是一名画家，擅长兰花图，其画风书卷气十分浓厚，有鹤立峰巅之意，闻名江南。丁逊之兰花图亦有上市拍卖。有《兰谱草年》等著作。《中国名人志（第十二卷）》中清朝的附传有丁逊之名录。他是清代政界具有画家身份的紫砂陶艺家。

邵友廷造 圆浮雕九龙戏珠壶　　■长：23cm　■高：25cm　■直径：12cm

邵友廷

　　约活动于清代道光至同治年间。江苏宜兴上袁村人。他精工壶艺，立意新颖，造型别致，手法表现极为细腻。尤其精熟圆浮雕九龙戏珠一类的造型，他能塑造的龙条条灵动，形态逼真，活灵活现，浑然一体，形制独特，胺丽技艺，鬼斧神工。所制龙壶的紫砂艺术作品，前无古人，后少来者，尽显登峰造极。他的仿春秋布币的制壶作品独树一帜，绝无仅有。邵友廷紫砂作品，大多盖有回纹边内刻"邵友廷造"楷书印和单边"邵友廷造"楷书印，及尤为珍稀的刻款"邵友廷"和"友廷"两字的椭圆形阳文篆印。他的独到之艺受到当时紫砂陶艺界的广泛关注与赞赏的同时，亲力亲为传授给继子程寿珍，为其奠定制作紫砂艺术品的坚实基础，成为屡摘国际金奖的名手。邵友廷是清末紫砂陶艺的著名大家。

何心舟 泥绘圆壶　　■ 长：20cm　　■ 高：20cm　　■ 直径：10cm

何心舟

　　字子陶，号韵石、石林、石林居士，斋名"曼陀华馆"。约活动于清代道光九年（1829年）至清代光绪二十三年（1897年）。浙江绍兴人。工书法、篆刻，技艺高超。长期与上海画家任伯年、胡公寿、梅调鼎等多有合作往来。曾与王东石于宁波筑窑烧制紫砂壶，史称"玉成窑"，所制壶器，独具匠心，造工精练、简巧，且制器造型往往别具一格。取材自然，文化气息极浓，数量珍罕，被古今收藏界视为珍品。紫砂界曾有这样的评价："陶艺传承，绵延至今，雅俗共赏，文化先行，前有陈曼生，后有何心舟。"近现代紫砂陶艺大师顾景舟在《溯源话艺》中写道："同治至光绪的数十年中，在文人与紫砂陶艺的结合史上继续谱写光彩的，要推梅调鼎与何心舟的合作，所呈现出来的是耳目一新的文人紫砂壶。"何心舟在清代晚期把文人紫砂推向绝唱的巅峰，成为享誉业内的制壶大家。

大清乾隆年制 圆浮雕龙凤呈祥壶　　▪长：20cm　▪高：20cm　▪直径：10cm

　　东汉至今，瓷陶器向来是"瓷器注窑口，紫砂重名头"，以示其身世和身价。其中只有佛、神人物类的瓷陶圆雕品是既无窑名又无制者名头，是为显示神圣不可逾越的特殊尊严。其实陶艺师们依作品的来由和去向，依然是有序可循的。正如清末北京大学国文系教授许之衡〔清光绪三年（1877年）至民国二十四年（1935年）〕在《饮流斋说瓷》中云："瓷款之堂名、斋名者，大抵分四类，一为帝王，一为亲贵，一为名士而达官者，一为雅匠良工也。""宫廷鉴制"印、"御制"印以及"朝代年份"印的紫砂艺术制品，也从来不是一个紫砂陶艺师所能独立完成的。这些拥有高贵头衔的珍贵作品从立意造型到精细制作，都是由当时的达官贵人、文人士大夫们，同一些高知名度的陶塑大师们，绝技智慧共同升华后所产生的艺术结果。同时，也是为后人留下代表当时紫艺水平的一个宝贵典范。

逸公 高虚扁壶　　■长：16cm　■高：9cm　■直径：10cm

惠逸公

　　生于清乾隆三十一年（1766年），殁于道光十一年（1831年）。江苏宜兴人。逸公制壶形式大小与诸色泥质俱备，以工巧闻名，可与惠孟臣相提并论，故世称"二惠"。孟臣制品浑朴精巧，逸公则长于工巧，而浑朴略显不够。逸公书法楷、行、草书皆能，楷书尤有唐人遗意，刻字用刀，竹刀钢刀皆善使用，刻镌或飞舞或沉着，字迹活灵活现。其壶作品泥色或本色或调其他颜色最为奇珍，所做小壶相当出色，尤其手造大壶的精致古朴气质，更是令人可爱。清代著名紫砂陶艺家。本壶款上有"一枝花入土林春"。

杨忠纳制 藏龙卧虎壶　　■ 长：14cm　■ 高：10cm　■ 直径：10cm

杨忠纳

　　字揣木，号晚研。生于清代顺治六年（1649年），卒于清代康熙五十八年（1719年）。浙江海宁人。近现代紫砂研究专家韩其楼在《紫砂壶全书》中载："杨忠纳于清代康熙三十年（1691年）考中进士，曾为翰林，故称太史。罢官后筑"拙宜园"，与许汝霖、查慎行、陈勋等人唱酬吟咏。有《业桂集》等著作。尝延陈鸣远至家中制作紫砂壶，并代著款识。"后曾为陈壶书铭，为著名文人与知名大师在紫砂茗壶的创作结合中，增加无限的艺术含量留下一段佳话。杨忠纳咏出无数后人传颂的豪迈诗："有寿何须药，无尘即是仙。壶中春日月，聊数八千年。"

陈鸣远 玄武壶　　■ 长：28cm　　■ 高：5cm　　■ 直径：8cm

陈鸣远

　　名远，字鸣远，号鹤峰、石霞山人、壶隐，活动于清代康熙年间。江苏宜兴人，原籍浙江桐乡，制壶名师陈子畦之子。他所有作品，立意深远，主题内涵，无声诉说，表达理念，精致雕塑，技艺精湛，让人细品，哲理无限。他一生所制茗壶、雅玩品类达数十种，无不精美绝伦，尤以仿古代青铜器爵、觚、鼎、簋等古彝器的紫砂茗壶作品，工艺精，品位高，古趣盎然。创新立意塑造的紫砂茗壶作品更是精道至极，都以特写彰显内载，形态表现意境，这种高超思维的制作手法，使自然生态和物体固态的技术造化，表现得淋漓尽致，惟妙惟肖。他还制作了许多案头陈设的雅玩和文房用具，及仿生的菱角、扁豆、花生、玉蜀黍、蘑菇、栗子、藕片、荸荠、核桃、白果等，无不精妙，给人以活生生鲜灵灵的审美感受，令人拍案叫绝。他还开创了壶体镌刻诗铭装饰，署款刻名和印章并用，把中国传统的绘画书法艺术和书款方式，引入紫砂茗壶的制作工艺，使原来光素无华的壶体增添了许多隽永的装饰情趣，把壶艺、品茗和文人的风雅情致融为一体，使紫砂茗壶更具浓厚的书卷气，极大地提高了紫砂茗壶的艺术价值和文化价值。再加之诗铭、书款的书法雅健娟秀，富有晋唐笔意，为文人学士、名臣公卿争相觅取，名孚中外，赢来了北京城里"海外竞求鸣远碟"的赞语。他雕镂兼长，上承明代精粹，下开清代格局，他的作品，可与夏、商、周三代的金、玉器物并列，可与实用、观赏同在，成为真正的艺术品，从而进入中国紫砂陶艺殿堂的顶端，亘贯古今，熠熠生辉。以在紫砂陶艺发展史上建立的卓越功勋，陈鸣远成为时大彬之后在紫砂陶艺史上全面精熟的最杰出的一代名师。

鸣远制陶 仿春秋青铜器壶　　▪长：19cm　▪高：19cm　▪直径：11cm

陈鸣远

　　名远，字鸣远，号鹤峰、石霞山人、壶隐，活动于清代康熙年间。江苏宜兴人，原籍浙江桐乡，制壶名师陈子畦之子。他所有作品，立意深远，主题内涵，无声诉说，表达理念，精致雕塑，技艺精湛，让人细品，哲理无限。他一生所制茗壶、雅玩品类达数十种，无不精美绝伦，尤以仿古代青铜器爵、觚、鼎、簋等古彝器的紫砂茗壶作品，工艺精，品位高，古趣盎然。创新立意塑造的紫砂茗壶作品更是精道至极，都以特写彰显内载，形态表现意境，这种高超思维的制作手法，使自然生态和物体固态的技术造化，表现得淋漓尽致，惟妙惟肖。他还制作了许多案头陈设的雅玩和文房用具，及仿生的菱角、扁豆、花生、玉蜀黍、蘑菇、栗子、藕片、荸荠、核桃、白果等，无不精妙，给人以活生生鲜灵灵的审美感受，令人拍案叫绝。他还开创了壶体镌刻诗铭装饰，署款刻名和印章并用，把中国传统的绘画书法艺术和书款方式，引入紫砂茗壶的制作工艺，使原来光素无华的壶体增添了许多隽永的装饰情趣，把壶艺、品茗和文人的风雅情致融为一体，使紫砂茗壶更具浓厚的书卷气，极大地提高了紫砂茗壶的艺术价值和文化价值。再加之诗铭、书款的书法雅健娟秀，富有晋唐笔意，为文人学士、名臣公卿争相觅取，名孚中外，赢来了北京城里"海外竞求鸣远碟"的赞语。他雕镂兼长，上承明代精粹，下开清代格局，他的作品，可与夏、商、周三代的金、玉器物并列，可与实用、观赏同在，成为真正的艺术品，从而进入中国紫砂陶艺殿堂的顶端，亘贯古今，熠熠生辉。以在紫砂陶艺发展史上建立的卓越功勋，陈鸣远成为时大彬之后在紫砂陶艺史上全面精熟的最杰出的一代名师。

邵友廷制 仿春秋布币壶　　■长：20cm　■高：15cm　■直径：11cm

邵友廷

　　约活动于清代道光至同治年间。江苏宜兴上袁村人。他精工壶艺，立意新颖，造型别致，手法表现极为细腻。尤其精熟圆浮雕九龙戏珠一类的造型，他能塑造的龙条条灵动，形态逼真，活灵活现，浑然一体，形制独特，脾丽技艺，鬼斧神工。所制龙壶的紫砂艺术作品，前无古人，后少来者，尽显登峰造极。他的仿春秋布币的制壶作品独树一帜，绝无仅有。邵友廷紫砂作品，大多盖有回纹边内刻"邵友廷造"楷书印和单边"邵友廷造"楷书印，及尤为珍稀的刻款"邵友廷"和"友廷"两字的椭圆形阳文篆印。他的独到之艺受到当时紫砂陶艺界的广泛关注与赞赏的同时，亲力亲为传授给继子程寿珍，为其奠定制作紫砂艺术品的坚实基础，成为屡摘国际金奖的名手。邵友廷是清末紫砂陶艺的著名大家。

邵旭茂制 香炉壶　　■ 长：19cm　■ 高：13cm　■ 直径：13cm

邵旭茂

　　活动于清代康熙至雍正年间。江苏宜兴上袁村人。民国时期收藏家、鉴赏家李景康、张虹著《阳羡砂壶图考》中称："邵旭茂制壶似陈用卿，造工精细，质坚如玉，精湛绝伦。"清代著名的紫砂陶艺家。

何心舟 虚扁壶　　■ 长：10cm　　■ 高：6cm　　■ 直径：10cm

何心舟

　　字子陶，号韵石、石林、石林居士，斋名"曼陀华馆"。约活动于清代道光九年（1829年）至清代光绪二十三年（1897年）。浙江绍兴人。工书法、篆刻，技艺高超。长期与上海画家任伯年、胡公寿、梅调鼎等多有合作往来。曾与王东石于宁波筑窑烧制紫砂壶，史称"玉成窑"，所制壶器，独具匠心，造工精练、简巧，且制器造型往往别具一格。取材自然，文化气息极浓，数量珍罕，被古今收藏界视为珍品。紫砂界曾有这样的评价："陶艺传承，绵延至今，雅俗共赏，文化先行，前有陈曼生，后有何心舟。"近现代紫砂陶艺大师顾景舟在《溯源话艺》中写道："同治至光绪的数十年中，在文人与紫砂陶艺的结合史上继续谱写光彩的，要推梅调鼎与何心舟的合作，所呈现出来的是耳目一新的文人紫砂壶。"何心舟在清代晚期把文人紫砂推向绝唱的巅峰，成为享誉业内的制壶大家。

陈鸣远 满浮雕二龙戏珠壶　　■长：11cm　■高：8cm　■直径：8cm

陈鸣远

　　名远，字鸣远，号鹤峰、石霞山人、壶隐，活动于清代康熙年间。江苏宜兴人，原籍浙江桐乡，制壶名师陈子畦之子。他所有作品，立意深远，主题内涵，无声诉说，表达理念，精致雕塑，技艺精湛，让人细品，哲理无限。他一生所制茗壶、雅玩品类达数十种，无不精美绝伦，尤以仿古代青铜器爵、觚、鼎、簋等古彝器的紫砂茗壶作品，工艺精，品位高，古趣盎然。创新立意塑造的紫砂茗壶作品更是精道至极，都以特写彰显内载，形态表现意境，这种高超思维的制作手法，使自然生态和物体固态的技术造化，表现得淋漓尽致，惟妙惟肖。他还制作了许多案头陈设的雅玩和文房用具，及仿生的菱角、扁豆、花生、玉蜀黍、蘑菇、栗子、藕片、荸荠、核桃、白果等，无不精妙，给人以活生生鲜灵灵的审美感受，令人拍案叫绝。他还开创了壶体镌刻诗铭装饰，署款刻名和印章并用，把中国传统的绘画书法艺术和书款方式，引入紫砂茗壶的制作工艺，使原来光素无华的壶体增添了许多隽永的装饰情趣，把壶艺、品茗和文人的风雅情致融为一体，使紫砂茗壶更具浓厚的书卷气，极大地提高了紫砂茗壶的艺术价值和文化价值。再加之诗铭、书款的书法雅健娟秀，富有晋唐笔意，为文人学士、名臣公卿争相觅取，名孚中外，赢来了北京城里"海外竞求鸣远碟"的赞语。他雕镂兼长，上承明代精粹，下开清代格局，他的作品，可与夏、商、周三代的金、玉器物并列，可与实用、观赏同在，成为真正的艺术品，从而进入中国紫砂陶艺殿堂的顶端，亘贯古今，熠熠生辉。以在紫砂陶艺发展史上建立的卓越功勋，陈鸣远成为时大彬之后在紫砂陶艺史上全面精熟的最杰出的一代名师。

鸣远 蜂巢壶　　■ 长：19cm　■ 高：9cm　■ 直径：11cm

陈鸣远

　　名远，字鸣远，号鹤峰、石霞山人、壶隐，活动于清代康熙年间。江苏宜兴人，原籍浙江桐乡，制壶名师陈子畦之子。他所有作品，立意深远，主题内涵，无声诉说，表达理念，精致雕塑，技艺精湛，让人细品，哲理无限。他一生所制茗壶、雅玩品类达数十种，无不精美绝伦，尤以仿古代青铜器爵、觚、鼎、簋等古彝器的紫砂茗壶作品，工艺精，品位高，古趣盎然。创新立意塑造的紫砂茗壶作品更是精道至极，都以特写彰显内载，形态表现意境，这种高超思维的制作手法，使自然生态和物体固态的技术造化，表现得淋漓尽致，惟妙惟肖。他还制作了许多案头陈设的雅玩和文房用具，及仿生的菱角、扁豆、花生、玉蜀黍、蘑菇、栗子、藕片、荸荠、核桃、白果等，无不精妙，给人以活生生鲜灵灵的审美感受，令人拍案叫绝。他还开创了壶体镌刻诗铭装饰，署款刻名和印章并用，把中国传统的绘画书法艺术和书款方式，引入紫砂茗壶的制作工艺，使原来光素无华的壶体增添了许多隽永的装饰情趣，把壶艺、品茗和文人的风雅情致融为一体，使紫砂茗壶更具浓厚的书卷气，极大地提高了紫砂茗壶的艺术价值和文化价值。再加之诗铭、书款的书法雅健娟秀，富有晋唐笔意，为文人学士、名臣公卿争相觅取，名孚中外，赢来了北京城里"海外竞求鸣远碟"的赞语。他雕镂兼长，上承明代精粹，下开清代格局，他的作品，可与夏、商、周三代的金、玉器物并列，可与实用、观赏同在，成为真正的艺术品，从而进入中国紫砂陶艺殿堂的顶端，恒贯古今，熠熠生辉。以在紫砂陶艺发展史上建立的卓越功勋，陈鸣远成为时大彬之后在紫砂陶艺史上全面精熟的最杰出的一代名师。

陈鸣远 羊首蟠龙茶盏   ▪长：21cm ▪高：12cm ▪直径：12cm

陈鸣远

　　名远，字鸣远，号鹤峰、石霞山人、壶隐，活动于清代康熙年间。江苏宜兴人，原籍浙江桐乡，制壶名师陈子畦之子。他所有作品，立意深远，主题内涵，无声诉说，表达理念，精致雕塑，技艺精湛，让人细品，哲理无限。他一生所制茗壶、雅玩品类达数十种，无不精美绝伦，尤以仿古代青铜器爵、觚、鼎、簠等古彝器的紫砂茗壶作品，工艺精，品位高，古趣盎然。创新立意塑造的紫砂茗壶作品更是精道至极，都以特写彰显内载，形态表现意境，这种高超思维的制作手法，使自然生态和物体固态的技术造化，表现得淋漓尽致，惟妙惟肖。他还制作了许多案头陈设的雅玩和文房用具，及仿生的菱角、扁豆、花生、玉蜀黍、蘑菇、栗子、藕片、荸荠、核桃、白果等，无不精妙，给人以活生生鲜灵灵的审美感受，令人拍案叫绝。他还开创了壶体镌刻诗铭装饰，署款刻名和印章并用，把中国传统的绘画书法艺术和书款方式，引入紫砂茗壶的制作工艺，使原来光素无华的壶体增添了许多隽永的装饰情趣，把壶艺、品茗和文人的风雅情致融为一体，使紫砂茗壶更具浓厚的书卷气，极大地提高了紫砂茗壶的艺术价值和文化价值。再加之诗铭、书款的书法雅健娟秀，富有晋唐笔意，为文人学士、名臣公卿争相觅取，名孚中外，赢来了北京城里"海外竞求鸣远碟"的赞语。他雕镂兼长，上承明代精粹，下开清代格局，他的作品，可与夏、商、周三代的金、玉器物并列，可与实用、观赏同在，成为真正的艺术品，从而进入中国紫砂陶艺殿堂的顶端，亘贯古今，熠熠生辉。以在紫砂陶艺发展史上建立的卓越功勋，陈鸣远成为时大彬之后在紫砂陶艺史上全面精熟的最杰出的一代名师。

邵景南制 汉扁壶　　■ 长：16cm　　■ 高：6.5cm　　■ 直径：11cm

邵景南

　　号留佩主人，出生于清代嘉庆元年（1796年），殁于清代同治十三年（1874年），江苏宜兴人。工于制壶，善仿明式，深得古法，擅于品类创新，有一些作品可实用也可把玩。制作严谨秀巧而有气势。壶底常用"邵景南制"阳文楷书印，壶盖内常用"景南"椭圆楷书章，及圆形回纹边框"邵景南制"阳文篆字印。清代道光年间制壶名艺人，清末宜兴上袁村"邵家壶"传人。晚清制壶八大家之一。

陈鸣远 满浮雕金龙戏珠壶
- 长：13cm ■ 高：9cm ■ 直径：8cm

陈鸣远

　　名远，字鸣远，号鹤峰、石霞山人、壶隐，活动于清代康熙年间。江苏宜兴人，原籍浙江桐乡，制壶名师陈子畦之子。他所有作品，立意深远，主题内涵，无声诉说，表达理念，精致雕塑，技艺精湛，让人细品，哲理无限。他一生所制茗壶、雅玩品类达数十种，无不精美绝伦，尤以仿古代青铜器爵、觚、鼎、簋等古彝器的紫砂茗壶作品，工艺精，品位高，古趣盎然。创新立意塑造的紫砂茗壶作品更是精道至极，都以特写彰显内载，形态表现意境，这种高超思维的制作手法，使自然生态和物体固态的技术造化，表现得淋漓尽致，惟妙惟肖。他还制作了许多案头陈设的雅玩和文房用具，及仿生的菱角、扁豆、花生、玉蜀黍、蘑菇、栗子、藕片、荸荠、核桃、白果等，无不精妙，给人以活生生鲜灵灵的审美感受，令人拍案叫绝。他还开创了壶体镌刻诗铭装饰，署款刻名和印章并用，把中国传统的绘画书法艺术和书款方式，引入紫砂茗壶的制作工艺，使原来光素无华的壶体增添了许多隽永的装饰情趣，把壶艺、品茗和文人的风雅情致融为一体，使紫砂茗壶更具浓厚的书卷气，极大地提高了紫砂茗壶的艺术价值和文化价值。再加之诗铭、书款的书法雅健娟秀，富有晋唐笔意，为文人学士、名臣公卿争相觅取，名孚中外，赢来了北京城里"海外竞求鸣远碟"的赞语。他雕镂兼长，上承明代精粹，下开清代格局，他的作品，可与夏、商、周三代的金、玉器物并列，可与实用、观赏同在，成为真正的艺术品，从而进入中国紫砂陶艺殿堂的顶端，亘贯古今，熠熠生辉。以在紫砂陶艺发展史上建立的卓越功勋，陈鸣远成为时大彬之后在紫砂陶艺史上全面精熟的最杰出的一代名师。

邵景南制 钟形壶　　▪长：18cm　▪高：12cm　▪直径：12cm

邵景南

　　号留佩主人，出生于清代嘉庆元年（1796年），殁于清代同治十三年（1874年），江苏宜兴人。工于制壶，善仿明式，深得古法，擅于品类创新，有一些作品可实用也可把玩。制作严谨秀巧而有气势。壶底常用"邵景南制"阳文楷书印，壶盖内常用"景南"椭圆楷书章，及圆形回纹边框"邵景南制"阳文篆字印。清代道光年间制壶名艺人，清末宜兴上袁村"邵家壶"传人。晚清制壶八大家之一。

陈鸣远 双凤朝阳壶　　■长：13cm　■高：9cm　■直径：8cm

陈鸣远

　　名远，字鸣远，号鹤峰、石霞山人、壶隐，活动于清代康熙年间。江苏宜兴人，原籍浙江桐乡，制壶名师陈子畦之子。他所有作品，立意深远，主题内涵，无声诉说，表达理念，精致雕塑，技艺精湛，让人细品，哲理无限。他一生所制茗壶、雅玩品类达数十种，无不精美绝伦，尤以仿古代青铜器爵、觚、鼎、簋等古彝器的紫砂茗壶作品，工艺精，品位高，古趣盎然。创新立意塑造的紫砂茗壶作品更是精道至极，都以特写彰显内载，形态表现意境，这种高超思维的制作手法，使自然生态和物体固态的技术造化，表现得淋漓尽致，惟妙惟肖。他还制作了许多案头陈设的雅玩和文房用具，及仿生的菱角、扁豆、花生、玉蜀黍、蘑菇、栗子、藕片、荸荠、核桃、白果等，无不精妙，给人以活生生鲜灵灵的审美感受，令人拍案叫绝。他还开创了壶体镌刻诗铭装饰，署款刻名和印章并用，把中国传统的绘画书法艺术和书款方式，引入紫砂茗壶的制作工艺，使原来光素无华的壶体增添了许多隽永的装饰情趣，把壶艺、品茗和文人的风雅情致融为一体，使紫砂茗壶更具浓厚的书卷气，极大地提高了紫砂茗壶的艺术价值和文化价值。再加之诗铭、书款的书法雅健娟秀，富有晋唐笔意，为文人学士、名臣公卿争相觅取，名孚中外，赢来了北京城里"海外竞求鸣远碟"的赞语。他雕镂兼长，上承明代精粹，下开清代格局，他的作品，可与夏、商、周三代的金、玉器物并列，可与实用、观赏同在，成为真正的艺术品，从而进入中国紫砂陶艺殿堂的顶端，亘贯古今，熠熠生辉。以在紫砂陶艺发展史上建立的卓越功勋，陈鸣远成为时大彬之后在紫砂陶艺史上全面精熟的最杰出的一代名师。

邵友泉 披肩平口壶 ■长：14cm ■高：10cm ■直径：9cm

邵友泉

　　生卒不详。邵氏家族的紫砂器制作历史，发轫于明代末期，历经整个清代至民国，经久不衰。整个清代，更是名家辈出，灿若星辰。邵旭茂、邵大亨、邵友泉、邵友廷等大名家生于斯，长于斯，成名于斯。邵友泉不仅名留榜上，而且所能见到的文字记载中，邵友泉是座无虚席的。邵友泉是名列其中的一大制壶名家。

华凤祥造 柱础壶　　■长：16cm　■高：12cm　■直径：9cm

华凤祥

又名凤翔。活动于清代康熙至乾隆年间，江苏宜兴人。民国时期收藏家、鉴赏家李景康、张虹著《阳羡砂壶图考·别传》中载："凤祥善仿古器，制工精雅而不失古朴风味，别臻绝诣。"《宜兴陶瓷发展史》说他"并擅长紫砂炉均，所制仿汉方壶精美绝佳，多上均釉，巧妙而不纤，工而能朴，成型技艺精湛，紫砂固有色泽质感尤强，传器颇受名人雅士欢迎"。其印款有"华凤祥造""荆溪华凤翔制"等。清代知名陶艺家。

大清乾隆年制 软提梁橄榄壶　　■ 长：18cm　　■ 高：12cm　　■ 直径：10cm

　　东汉至今，瓷陶器向来是"瓷器注窑口，紫砂重名头"，以示其身世和身价。其中只有佛、神人物类的瓷陶圆雕品是既无窑名又无制者名头，是为显示神圣不可逾越的特殊尊严。其实陶艺师们依作品的来由和去向，依然是有序可循的。正如清末北京大学国文系教授许之衡〔清光绪三年（1877年）至民国二十四年（1935年）〕在《饮流斋说瓷》中云："瓷款之堂名、斋名者，大抵分四类，一为帝王，一为亲贵，一为名士而达官者，一为雅匠良工也。""宫廷鉴制"印、"御制"印以及"朝代年份"印的紫砂艺术制品，也从来不是一个紫砂陶艺师所能独立完成的。这些拥有高贵头衔的珍贵作品从立意造型到精细制作，都是由当时的达官贵人、文人士大夫们，同一些高知名度的陶塑大师们，绝技智慧共同升华后所产生的艺术结果。同时，也是为后人留下代表当时紫艺水平的一个宝贵典范。

山中一古人 梨形壶　　▪ 长：13cm　▪ 高：8cm　▪ 直径：8cm

惠孟臣

　　字孟臣，号山中一古人，约活动于明代天启至清代康熙年间，荆溪（今江苏宜兴）人。惠孟臣壶艺出众，独树一帜，作品以小壶多，中壶少，大壶最罕，所制茗壶大者浑朴，小者精妙。善于配制多种调砂泥，有白砂、紫砂、朱砂，以朱紫者多，白砂者少。壶式有圆有扁，有高身、平肩、梨形、鼓腹、圆腹、扇形等，尤以所制梨形壶最具盛名。十七世纪末外销欧洲各地，对欧洲早期的制壶业影响很大。近现代紫砂壶研究专家韩其楼在《紫砂壶全书》中披露："惠孟臣闻名欧洲及本国历史长达200年之久，他所创制的朱泥梨形小壶，极受欢迎。"惠孟臣后期专制朱砂几何形小壶，造型奇、体积小、工艺精，工艺手法极洗练，富节奏感，尤其是壶的流嘴，不论长或短，均刚直劲拔，壶体光泽莹润，胎薄轻巧，线条圆转流畅，有着与众不同的鲜明特色。他注重制壶铭刻的书法，有书"荆溪惠孟臣制""惠孟臣制""孟臣制"等多种款识，有的前面标有制作年份或绝句，一般是在十几字组成的诗句或吉祥语，字体多为楷书，也有行书体，笔势灵动，具书法韵味，用竹刀刻画，书法秀娟，笔法绝类唐代大书法家褚遂良。后期作品并用钤印。惠孟臣是中国紫砂陶艺史上一位海内外知名度很高的壶艺大师。

陈正酉制 弥勒神龛壶　　▪ 长：7cm　▪ 高：12cm　▪ 直径：10cm

陈鸣远制 仿春秋青铜器簠形壶　　■长：23cm　■高：14cm　■直径：11cm

陈鸣远

　　名远，字鸣远，号鹤峰、石霞山人、壶隐，活动于清代康熙年间。江苏宜兴人，原籍浙江桐乡，制壶名师陈子畦之子。他所有作品，立意深远，主题内涵，无声诉说，表达理念，精致雕塑，技艺精湛，让人细品，哲理无限。他一生所制茗壶、雅玩品类达数十种，无不精美绝伦，尤以仿古代青铜器爵、觚、鼎、簠等古彝器的紫砂茗壶作品，工艺精，品位高，古趣盎然。创新立意塑造的紫砂茗壶作品更是精道至极，都以特写彰显内载，形态表现意境，这种高超思维的制作手法，使自然生态和物体固态的技术造化，表现得淋漓尽致，惟妙惟肖。他还制作了许多案头陈设的雅玩和文房用具，及仿生的菱角、扁豆、花生、玉蜀黍、蘑菇、栗子、藕片、荸荠、核桃、白果等，无不精妙，给人以活生生鲜灵灵的审美感受，令人拍案叫绝。他还开创了壶体镌刻诗铭装饰，署款刻名和印章并用，把中国传统的绘画书法艺术和书款方式，引入紫砂茗壶的制作工艺，使原来光素无华的壶体增添了许多隽永的装饰情趣，把壶艺、品茗和文人的风雅情致融为一体，使紫砂茗壶更具浓厚的书卷气，极大地提高了紫砂茗壶的艺术价值和文化价值。再加之诗铭、书款的书法雅健娟秀，富有晋唐笔意，为文人学士、名臣公卿争相觅取，名孚中外，赢来了北京城里"海外竞求鸣远碟"的赞语。他雕镂兼长，上承明代精粹，下开清代格局，他的作品，可与夏、商、周三代的金、玉器物并列，可与实用、观赏同在，成为真正的艺术品，从而进入中国紫砂陶艺殿堂的顶端，亘贯古今，熠熠生辉。以在紫砂陶艺发展史上建立的卓越功勋，陈鸣远成为时大彬之后在紫砂陶艺史上全面精熟的最杰出的一代名师。

陈文伯 八卦太极壶 ▪长：18cm ▪高：12cm ▪直径：11cm

陈文伯 陈文居

　　二人是兄弟，活动于清代雍正至乾隆年间。文伯号"寄石山房"，文居号"荆溪水石山人"。所制紫砂作品畅销日本，经久不衰。亲书刻款"陈文伯"尤为珍贵。陈文伯是清代著名紫砂陶艺家。

陈光明制 仿春秋青铜器壶　　■ 长：17cm　■ 高：14cm　■ 直径：10cm

陈光明

　　字匡庐，小名润宝，生于清代咸丰九年（1859年），殁于民国十九年（1930年），江苏宜兴人。中年以后，依其女侨居上海。工制壶，他所有传器均精配泥色，造型周正，做工精致，格调古茂，玲珑别致，质朴洁雅，技艺较同辈精致，名闻一时。制器壶底常钤"陈光明制"四字篆体方印，盖内或把下多钤"陈"字篆文小圆印、"光明"篆文小方印，一般上下两印连用。亦有"凤"字篆文方章。他还擅制紫砂玩器，所制花果类小品杂项居多，如豆、核桃及柿子等，制作精巧，几可乱真，色彩优异，美妙绝伦。顾景舟记曰："陈光明被同代艺人誉为二陈，即清初陈鸣远，清末陈光明。"获得与紫砂壶艺的一代宗师陈鸣远相提并论的美誉，清代独此一人。陈光明是清代晚期著名紫砂陶艺家。

邵大亨 吉祥壶　　■ 长：18cm　■ 高：9cm　■ 直径：10cm

邵大亨

　　生于清代嘉庆元年（1796年），殁于清代道光三十年（1850年）。江苏宜兴上袁村人。他的壶艺以挥扑见长，尤其在制简练形体，如掇球、仿古等壶，朴实庄重，气势不凡，更突出紫砂艺术质朴典雅的大度气息。"力追古人，有过之无不及也"。其作品在清代时已被嗜茶者及收藏家视为珍宝，有"一壶千金，几不可得"之说。可见当时他的壶艺声誉之高。他所制作品壶盖内皆有"大亨"楷书印，壶底刻款"邵大亨"。清代高熙在《茗壶说赠邵大亨君》称："其掇壶，颈项及腹，骨肉匀称，雅俗共赏，识者谓后来居上。壶嘴壶把若自然生成者，口盖直而紧，虽倾侧无落帽之忧，口内厚而狭，以防其出。气眼外小而内巨，如喇叭形，均无窒塞不通之弊。且贮佳茗，经年嗅味不变，此皆前人所未逮者。"近现代紫砂陶艺大师顾景舟在《宜兴紫砂壶艺概要》中云："经我数十年的揣摩，觉得他（邵大亨）的各式传器，堪称集砂艺大成，刷一代纤巧靡繁之风。从他选泥的精练，造型上审美之奥邃，创作形式上的完美，技艺的高超，博得一时传颂，盛誉之高，大有前不见古人，后不见来者之感慨。"邵大亨是紫砂壶历史上一位里程碑式的人物，是继陈鸣远以后的一代著名紫砂陶艺大家。

陈子畦 软提梁壶　　▪ 长：13cm　▪ 高：11cm　▪ 直径：11cm

陈子畦

  生于明代天启五年（1625年），殁于清代康熙二十九年（1690年）。浙江桐乡人，陈鸣远、陈汉文之父。《桐乡县志》载："陈子畦仿友泉壶最佳，工制壶、杯、瓶、盒诸物，为世所珍。作品多紫泥，胎薄而工，且以擅作虫蛀残叶见称。书法有晋、唐之风。"民国时期收藏家、鉴赏家李景康、张虹著《阳羡砂壶图考》中录有二器："不耽阁"藏"紫砂小壶"一具；形做圆珠式，惜流缺重补。另为碧山壶馆藏"紫砂大壶"一具，形做扁花篮式，身胎甚薄，底钤"陈子畦"三字楷书。香港中文大学文物馆藏"南瓜壶"一具，紫泥调砂，壶身做成八瓣南瓜形，壶把为瓜藤，壶流为卷叶，壶盖为瓜蒂，整体浑然天成，自然有致，把下钤"陈子畦"篆文方印。另香港茶具文物馆藏"贴栀子花树段笔筒"一件，配色和谐，贴画生动，器做工整，底钤"陈子畦"篆文方印。陈子畦的作品做工尤精，造型新颖，壶体匀称，达到精妙之极。对其子陈鸣远、陈汉文在壶艺上的传教影响十分深刻。清代早期著名的紫砂陶艺大师。

陈光明制 威震四方壶 ▪长：18cm ▪高：11cm ▪直径：11cm

陈光明

　　字匡庐，小名润宝，生于清代咸丰九年（1859年），殁于民国十九年（1930年），江苏宜兴人。中年以后，依其女侨居上海。工制壶，他所有传器均精配泥色，造型周正，做工精致，格调古茂，玲珑别致，质朴洁雅，技艺较同辈精致，名闻一时。制器壶底常钤"陈光明制"四字篆体方印，盖内或把下多钤"陈"字篆文小圆印、"光明"篆文小方印，一般上下两印连用。亦有"凤"字篆文方章。他还擅制紫砂玩器，所制花果类小品杂项居多，如豆、核桃及柿子等，制作精巧，几可乱真，色彩优异，美妙绝伦。顾景舟记曰："陈光明被同代艺人誉为二陈，即清初陈鸣远，清末陈光明。"获得与紫砂壶艺的一代宗师陈鸣远相提并论的美誉，清代独此一人。陈光明是清代晚期著名紫砂陶艺家。

陈鸣远 龙凤呈祥壶　　　　■长：18cm　■高：18cm　■直径：12cm

陈鸣远

　　名远，字鸣远，号鹤峰、石霞山人、壶隐，活动于清代康熙年间。江苏宜兴人，原籍浙江桐乡，制壶名师陈子畦之子。他所有作品，立意深远，主题内涵，无声诉说，表达理念，精致雕塑，技艺精湛，让人细品，哲理无限。他一生所制茗壶、雅玩品类达数十种，无不精美绝伦，尤以仿古代青铜器爵、觚、鼎、簋等古彝器的紫砂茗壶作品，工艺精，品位高，古趣盎然。创新立意塑造的紫砂茗壶作品更是精道至极，都以特写彰显内载，形态表现意境，这种高超思维的制作手法，使自然生态和物体固态的技术造化，表现得淋漓尽致，惟妙惟肖。他还制作了许多案头陈设的雅玩和文房用具，及仿生的菱角、扁豆、花生、玉蜀黍、蘑菇、栗子、藕片、荸荠、核桃、白果等，无不精妙，给人以活生生鲜灵灵的审美感受，令人拍案叫绝。他还开创了壶体镌刻诗铭装饰，署款刻名和印章并用，把中国传统的绘画书法艺术和书款方式，引入紫砂茗壶的制作工艺，使原来光素无华的壶体增添了许多隽永的装饰情趣，把壶艺、品茗和文人的风雅情致融为一体，使紫砂茗壶更具浓厚的书卷气，极大地提高了紫砂茗壶的艺术价值和文化价值。再加之诗铭、书款的书法雅健娟秀，富有晋唐笔意，为文人学士、名臣公卿争相觅取，名孚中外，赢来了北京城里"海外竞求鸣远碟"的赞语。他雕镂兼长，上承明代精粹，下开清代格局，他的作品，可与夏、商、周三代的金、玉器物并列，可与实用、观赏同在，成为真正的艺术品，从而进入中国紫砂陶艺殿堂的顶端，亘贯古今，熠熠生辉。以在紫砂陶艺发展史上建立的卓越功勋，陈鸣远成为时大彬之后在紫砂陶艺史上全面精熟的最杰出的一代名师。

陈鸣远制 满浮雕蓬莱仙境壶　　■长：12cm　■高：10cm　■直径：8cm

陈鸣远

　　名远，字鸣远，号鹤峰、石霞山人、壶隐，活动于清代康熙年间。江苏宜兴人，原籍浙江桐乡，制壶名师陈子畦之子。他所有作品，立意深远，主题内涵，无声诉说，表达理念，精致雕塑，技艺精湛，让人细品，哲理无限。他一生所制茗壶、雅玩品类达数十种，无不精美绝伦，尤以仿古代青铜器爵、觚、鼎、簋等古彝器的紫砂茗壶作品，工艺精，品位高，古趣盎然。创新立意塑造的紫砂茗壶作品更是精道至极，都以特写彰显内载，形态表现意境，这种高超思维的制作手法，使自然生态和物体固态的技术造化，表现得淋漓尽致，惟妙惟肖。他还制作了许多案头陈设的雅玩和文房用具，及仿生的菱角、扁豆、花生、玉蜀黍、蘑菇、栗子、藕片、荸荠、核桃、白果等，无不精妙，给人以活生生鲜灵灵的审美感受，令人拍案叫绝。他还开创了壶体镌刻诗铭装饰，署款刻名和印章并用，把中国传统的绘画书法艺术和书款方式，引入紫砂茗壶的制作工艺，使原来光素无华的壶体增添了许多隽永的装饰情趣，把壶艺、品茗和文人的风雅情致融为一体，使紫砂茗壶更具浓厚的书卷气，极大地提高了紫砂茗壶的艺术价值和文化价值。再加之诗铭、书款的书法雅健娟秀，富有晋唐笔意，为文人学士、名臣公卿争相觅取，名孚中外，赢来了北京城里"海外竞求鸣远碟"的赞语。他雕镂兼长，上承明代精粹，下开清代格局，他的作品，可与夏、商、周三代的金、玉器物并列，可与实用、观赏同在，成为真正的艺术品，从而进入中国紫砂陶艺殿堂的顶端，亘贯古今，熠熠生辉。以在紫砂陶艺发展史上建立的卓越功勋，陈鸣远成为时大彬之后在紫砂陶艺史上全面精熟的最杰出的一代名师。

邵景南制 龙戏海涛壶　　■长：13cm　■高：7cm　■直径：9cm

邵景南

　　号留佩主人，出生于清代嘉庆元年（1796年），殁于清代同治十三年（1874年），江苏宜兴人。工于制壶，善仿明式，深得古法，擅于品类创新，有一些作品可实用也可把玩。制作严谨秀巧而有气势。壶底常用"邵景南制"阳文楷书印，壶盖内常用"景南"椭圆楷书章，及圆形回纹边框"邵景南制"阳文篆字印。清代道光年间制壶名艺人，清末宜兴上袁村"邵家壶"传人。晚清制壶八大家之一。

大清宫廷监制 喜气洋洋壶
- 长：17cm ■ 高：11cm ■ 直径：9cm

　　东汉至今，瓷陶器向来是"瓷器注窑口，紫砂重名头"，以示其身世和身价。其中只有佛、神人物类的瓷陶圆雕品是既无窑名又无制者名头，是为显示神圣不可逾越的特殊尊严。其实陶艺师们依作品的来由和去向，依然是有序可循的。正如清末北京大学国文系教授许之衡〔清光绪三年（1877年）至民国二十四年（1935年）〕在《饮流斋说瓷》中云："瓷款之堂名、斋名者，大抵分四类，一为帝王，一为亲贵，一为名士而达官者，一为雅匠良工也。""宫廷鉴制"印、"御制"印以及"朝代年份"印的紫砂艺术制品，也从来不是一个紫砂陶艺师所能独立完成的。这些拥有高贵头衔的珍贵作品从立意造型到精细制作，都是由当时的达官贵人、文人士大夫们，同一些高知名度的陶塑大师们，绝技智慧共同升华后所产生的艺术结果。同时，也是为后人留下代表当时紫艺水平的一个宝贵典范。

大清乾隆十五年制 保温壶　　▪长：18cm　▪高：18cm　▪直径：10cm

　　东汉至今，瓷陶器向来是"瓷器注窑口，紫砂重名头"，以示其身世和身价。其中只有佛、神人物类的瓷陶圆雕品是既无窑名又无制者名头，是为显示神圣不可逾越的特殊尊严。其实陶艺师们依作品的来由和去向，依然是有序可循的。正如清末北京大学国文系教授许之衡〔清光绪三年（1877年）至民国二十四年（1935年）〕在《饮流斋说瓷》中云："瓷款之堂名、斋名者，大抵分四类，一为帝王，一为亲贵，一为名士而达官者，一为雅匠良工也。""宫廷鉴制"印、"御制"印以及"朝代年份"印的紫砂艺术制品，也从来不是一个紫砂陶艺师所能独立完成的。这些拥有高贵头衔的珍贵作品从立意造型到精细制作，都是由当时的达官贵人、文人士大夫们，同一些高知名度的陶塑大师们，绝技智慧共同升华后所产生的艺术结果。同时，也是为后人留下代表当时紫艺水平的一个宝贵典范。

荆溪华凤翔制 珐琅彩绘壶 ■ 长：19cm ■ 高：13cm ■ 直径：9cm

华凤祥

又名凤翔。活动于清代康熙至乾隆年间，江苏宜兴人。民国时期收藏家、鉴赏家李景康、张虹著《阳羡砂壶图考·别传》中载："凤祥善仿古器，制工精雅而不失古朴风味，别臻绝诣。"《宜兴陶瓷发展史》说他"并擅长紫砂炉均，所制仿汉方壶精美绝佳，多上均釉，巧妙而不纤，工而能朴，成型技艺精湛，紫砂固有色泽质感尤强，传器颇受名人雅士欢迎"。其印款有"华凤祥造""荆溪华凤翔制"等。清代知名陶艺家。

陈子畦造 福满天下壶　　　▪长：15cm　▪高：12cm　▪直径：9cm

陈子畦

　　生于明代天启五年（1625年），殁于清代康熙二十九年（1690年）。浙江桐乡人，陈鸣远、陈汉文之父。《桐乡县志》载："陈子畦仿友泉壶最佳，工制壶、杯、瓶、盒诸物，为世所珍。作品多紫泥，胎薄而工，且以擅作虫蛀残叶见称。书法有晋、唐之风。"民国时期收藏家、鉴赏家李景康、张虹著《阳羡砂壶图考》中录有二器："不耽阁"藏"紫砂小壶"一具；形做圆珠式，惜流缺重补。另为碧山壶馆藏"紫砂大壶"一具，形做扁花篮式，身胎甚薄，底钤"陈子畦"三字楷书。香港中文大学文物馆藏"南瓜壶"一具，紫泥调砂，壶身做成八瓣南瓜形，壶把为瓜藤，壶流为卷叶，壶盖为瓜蒂，整体浑然天成，自然有致，把下钤"陈子畦"篆文方印。另香港茶具文物馆藏"贴栀子花树段笔筒"一件，配色和谐，贴画生动，器做工整，底钤"陈子畦"篆文方印。陈子畦的作品做工尤精，造型新颖，壶体匀称，达到精妙之极。对其子陈鸣远、陈汉文在壶艺上的传教影响十分深刻。清代早期著名的紫砂陶艺大师。

陈子畦 寿星壶　　■ 长：16cm　■ 高：11cm　■ 直径：9cm

陈子畦

　　生于明代天启五年（1625年），殁于清代康熙二十九年（1690年）。浙江桐乡人，陈鸣远、陈汉文之父。《桐乡县志》载："陈子畦仿友泉壶最佳，工制壶、杯、瓶、盒诸物，为世所珍。作品多紫泥，胎薄而工，且以擅作虫蛀残叶见称。书法有晋、唐之风。"民国时期收藏家、鉴赏家李景康、张虹著《阳羡砂壶图考》中录有二器："不耽阁"藏"紫砂小壶"一具；形做圆珠式，惜流缺重补。另为碧山壶馆藏"紫砂大壶"一具，形做扁花篮式，身胎甚薄，底钤"陈子畦"三字楷书。香港中文大学文物馆藏"南瓜壶"一具，紫泥调砂，壶身做成八瓣南瓜形，壶把为瓜藤，壶流为卷叶，壶盖为瓜蒂，整体浑然天成，自然有致，把下钤"陈子畦"篆文方印。另香港茶具文物馆藏"贴栀子花树段笔筒"一件，配色和谐，贴画生动，器做工整，底钤"陈子畦"篆文方印。陈子畦的作品做工尤精，造型新颖，壶体匀称，达到精妙之极。对其子陈鸣远、陈汉文在壶艺上的传教影响十分深刻。清代早期著名的紫砂陶艺大师。

大清雍正年制 珐琅彩绘提梁壶　　■ 长：19cm　■ 高：21cm　■ 直径：13cm

　　东汉至今，瓷陶器向来是"瓷器注窑口，紫砂重名头"，以示其身世和身价。其中只有佛、神人物类的瓷陶圆雕品是既无窑名又无制者名头，是为显示神圣不可逾越的特殊尊严。其实陶艺师们依作品的来由和去向，依然是有序可循的。正如清末北京大学国文系教授许之衡〔清光绪三年（1877年）至民国二十四年（1935年）〕在《饮流斋说瓷》中云："瓷款之堂名、斋名者，大抵分四类，一为帝王，一为亲贵，一为名士而达官者，一为雅匠良工也。""宫廷鉴制"印、"御制"印以及"朝代年份"印的紫砂艺术制品，也从来不是一个紫砂陶艺师所能独立完成的。这些拥有高贵头衔的珍贵作品从立意造型到精细制作，都是由当时的达官贵人、文人士大夫们，同一些高知名度的陶塑大师们，绝技智慧共同升华后所产生的艺术结果。同时，也是为后人留下代表当时紫艺水平的一个宝贵典范。

杨彭年制 佛光普照山川壶　　■ 长：19cm　■ 高：16cm　■ 直径：9cm

杨彭年

　　字二泉，号大鹏，生于清嘉庆丙辰年（1796年），卒于清道光庚戌年（1850年）。江苏宜兴人，一说浙江桐乡人。弟宝年、妹凤年，均为清代制壶名艺人。所制茗壶，玉色晶莹，气韵温雅，浑朴玲珑，具天然之趣，艺林视为珍品。当时他常为溧阳知县陈鸿寿制作"曼生壶"，历来为鉴赏家们所珍爱。他善于配泥，首创捏嘴不用模子和掇暗嘴之工艺，随意制成，亦有天然之致。他还善铭刻，工隶书，追求金石味。常与当时名人雅士陈鸿寿（曼生）、瞿应绍（子冶）、朱坚（石梅）、邓奎（符生）、郭麟（祥伯、频伽）等合作镌刻书画。技艺成熟，至善尽美。世称"彭年壶""彭年曼生壶""彭年石瓢壶"，声名极盛。他是使"壶随字贵，字依壶传"重大推举的重要力行者，对后世影响颇大。清代著名的紫砂陶艺家。

惠孟臣制 福禄寿壶　　■ 长：20cm　　■ 高：17cm　　■ 直径：11cm

惠孟臣

　　字孟臣，号山中一古人，约活动于明代天启至清代康熙年间，荆溪（今江苏宜兴）人。惠孟臣壶艺出众，独树一帜，作品以小壶多，中壶少，大壶最罕，所制茗壶大者浑朴，小者精妙。善于配制多种调砂泥，有白砂、紫砂、朱砂，以朱紫者多，白砂者少。壶式有圆有扁，有高身、平肩、梨形、鼓腹、圆腹、扇形等，尤以所制梨形壶最具盛名。十七世纪末外销欧洲各地，对欧洲早期的制壶业影响很大。近现代紫砂壶研究专家韩其楼在《紫砂壶全书》中披露："惠孟臣闻名欧洲及本国历史长达200年之久，他所创制的朱泥梨形小壶，极受欢迎。"惠孟臣后期专制朱砂几何形小壶，造型奇、体积小、工艺精，工艺手法极洗练，富节奏感，尤其是壶的流嘴，不论长或短，均刚直劲拔，壶体光泽莹润，胎薄轻巧，线条圆转流畅，有着与众不同的鲜明特色。他注重制壶铭刻的书法，有书"荆溪惠孟臣制""惠孟臣制""孟臣制"等多种款识，有的前面标有制作年份或绝句，一般是在十几字组成的诗句或吉祥语，字体多为楷书，也有行书体，笔势灵动，具书法韵味，用竹刀刻画，书法秀娟，笔法绝类唐代大书法家褚遂良。后期作品并用钤印。惠孟臣是中国紫砂陶艺史上一位海内外知名度很高的壶艺大师。

潘富鼎制 壶中壶 ▪长：15cm ▪高：10cm ▪直径：10cm

潘富鼎

　　约活动于清代乾隆年间。工紫砂制壶，力主创新。所制茗壶，式度精妍，玲珑精巧，浑朴而妍整。主承制宫廷御品。清代著名紫砂陶艺家。

华凤祥造 如意壶　　■ 长：16cm　■ 高：10cm　■ 直径：10cm

华凤祥

  又名凤翔。活动于清代康熙至乾隆年间，江苏宜兴人。民国时期收藏家、鉴赏家李景康、张虹著《阳羡砂壶图考·别传》中载："凤祥善仿古器，制工精雅而不失古朴风味，别臻绝诣。"《宜兴陶瓷发展史》说他"并擅长紫砂炉均，所制仿汉方壶精美绝佳，多上均釉，巧妙而不纤，工而能朴，成型技艺精湛，紫砂固有色泽质感尤强，传器颇受名人雅士欢迎"。其印款有"华凤祥造""荆溪华凤翔制"等。清代知名陶艺家。

茶熟香温 大鹏展翅六方壶　　■ 长：16cm　■ 高：10cm　■ 直径：10cm

申锡

　　字子胎，活动于清代道光至清代咸丰年间，江苏宜兴人。壶底用款"茶熟香温"。申锡以明代陆师道游宜兴玉女潭有"帝命主苏山，功成有申锡"之句，取此义，名为申锡。他笃志壶艺，善于雕刻，精致捏造，巧妙至极，善用白泥，无论方器、圆器、花器、筋囊器、文房器等兼工的通才。曾和杨彭年、瞿子冶合作创制作品。民国时期收藏家、鉴赏家李景康、张虹著《阳羡砂壶图考》中记载："清代阳羡壶艺能蔚为名家者，当推子胎为后劲，后此则有广陵绝响之叹矣。"清代宜兴壶艺的后起之秀，晚清制壶八大名家之一。

彭年 龙首四足壶   ■长：18cm   ■高：12cm   ■直径：11cm

黄彭年

　　字子寿，生于清代道光三年（1823年），卒于清代光绪十五年（1889年）。贵州贵筑（今贵阳）人。彭年好绘事，工花卉，嗜茗饮，尝定制宜兴紫砂壶，底钤"彭年"二字篆书方印。清代道光二十七年（1847年）进士，官至湖北布政使。生平以整饬风纪，扶植士类为己任。尝掌教保定莲池书院，成就尤众。纂修《畿辅通志》，有《陶楼集》等著作。父亲黄辅辰，是清代道光年间进士，官至凤邠道，儿子黄国瑾官至翰林院编修。一家三代世传家学，延续祖孙三代三进士，前后步入官宦之道，成为一段佳话。黄彭年藏书甚富，传器亦珍。"彭年"印款，系黄彭年定制紫砂壶的专用字款。

杨彭年造 镶玉包银壶 ▪长：18cm ▪高：8cm ▪直径：9cm

杨彭年

  字二泉，号大鹏，生于清嘉庆丙辰年（1796年），卒于清道光庚戌年（1850年）。江苏宜兴人，一说浙江桐乡人。弟宝年、妹凤年，均为清代制壶名艺人。所制茗壶，玉色晶莹，气韵温雅，浑朴玲珑，具天然之趣，艺林视为珍品。当时他常为溧阳知县陈鸿寿制作"曼生壶"，历来为鉴赏家们所珍爱。他善于配泥，首创捏嘴不用模子和掇暗嘴之工艺，随意制成，亦有天然之致。他还善铭刻，工隶书，追求金石味。常与当时名人雅士陈鸿寿（曼生）、瞿应绍（子冶）、朱坚（石梅）、邓奎（符生）、郭麟（祥伯、频伽）等合作镌刻书画。技艺成熟，至善尽美。世称"彭年壶""彭年曼生壶""彭年石瓢壶"，声名极盛。他是使"壶随字贵，字依壶传"重大推举的重要力行者，对后世影响颇大。清代著名的紫砂陶艺家。

邵大亨 柱础壶　　■长：15cm　■高：10cm　■直径：9cm

邵大亨

　　生于清代嘉庆元年（1796年），殁于清代道光三十年（1850年）。江苏宜兴上袁村人。他的壶艺以挥扑见长，尤其在制简练形体，如掇球、仿古等壶，朴实庄重，气势不凡，更突出紫砂艺术质朴典雅的大度气息。"力追古人，有过之无不及也"。其作品在清代时已被嗜茶者及收藏家视为珍宝，有"一壶千金，几不可得"之说。可见当时他的壶艺声誉之高。他所制作品壶盖内皆有"大亨"楷书印，壶底刻款"邵大亨"。清代高熙在《茗壶说赠邵大亨君》称："其掇壶，颈项及腹，骨肉匀称，雅俗共赏，识者谓后来居上。壶嘴壶把若自然生成者，口盖直而紧，虽倾侧无落帽之忧，口内厚而狭，以防其出。气眼外小而内巨，如喇叭形，均无窒塞不通之弊。且贮佳茗，经年嗅味不变，此皆前人所未逮者。"近现代紫砂陶艺大师顾景舟在《宜兴紫砂壶艺概要》中云："经我数十年的揣摩，觉得他（邵大亨）的各式传器，堪称集砂艺大成，刷一代纤巧糜繁之风。从他选泥的精练，造型上审美之奥邃，创作形式上的完美，技艺的高超，博得一时传颂，盛誉之高，大有前不见古人，后不见来者之感慨。"邵大亨是紫砂壶历史上一位里程碑式的人物，是继陈鸣远以后的一代著名紫砂陶艺大家。

咸丰年制 带底座双狮戏绣球壶　　▪长：15cm　▪高：11cm　▪直径：9cm

　　东汉至今，瓷陶器向来是"瓷器注窑口，紫砂重名头"，以示其身世和身价。其中只有佛、神人物类的瓷陶圆雕品是既无窑名又无制者名头，是为显示神圣不可逾越的特殊尊严。其实陶艺师们依作品的来由和去向，依然是有序可循的。正如清末北京大学国文系教授许之衡〔清光绪三年（1877年）至民国二十四年（1935年）〕在《饮流斋说瓷》中云："瓷款之堂名、斋名者，大抵分四类，一为帝王，一为亲贵，一为名士而达官者，一为雅匠良工也。""宫廷鉴制"印、"御制"印以及"朝代年份"印的紫砂艺术制品，也从来不是一个紫砂陶艺师所能独立完成的。这些拥有高贵头衔的珍贵作品从立意造型到精细制作，都是由当时的达官贵人、文人士大夫们，同一些高知名度的陶塑大师们，绝技智慧共同升华后所产生的艺术结果。同时，也是为后人留下代表当时紫艺水平的一个宝贵典范。

陈子畦造 朝天吼保温壶　　■长：23cm　■高：19cm　■直径：10cm

陈子畦

　　生于明代天启五年（1625年），殁于清代康熙二十九年（1690年）。浙江桐乡人，陈鸣远、陈汉文之父。《桐乡县志》载："陈子畦仿友泉壶最佳，工制壶、杯、瓶、盒诸物，为世所珍。作品多紫泥，胎薄而工，且以擅作虫蛀残叶见称。书法有晋、唐之风。"民国时期收藏家、鉴赏家李景康、张虹著《阳羡砂壶图考》中录有二器："不耽阁"藏"紫砂小壶"一具；形做圆珠式，惜流缺重补。另为碧山壶馆藏"紫砂大壶"一具，形做扁花篮式，身胎甚薄，底钤"陈子畦"三字楷书。香港中文大学文物馆藏"南瓜壶"一具，紫泥调砂，壶身做成八瓣南瓜形，壶把为瓜藤，壶流为卷叶，壶盖为瓜蒂，整体浑然天成，自然有致，把下钤"陈子畦"篆文方印。另香港茶具文物馆藏"贴栀子花树段笔筒"一件，配色和谐，贴画生动，器做工整，底钤"陈子畦"篆文方印。陈子畦的作品做工尤精，造型新颖，壶体匀称，达到精妙之极。对其子陈鸣远、陈汉文在壶艺上的传教影响十分深刻。清代早期著名的紫砂陶艺大师。

邵友廷制 软提梁壶　　■ 长：16cm　■ 高：10cm　■ 直径：10cm

邵友廷

  约活动于清代道光至同治年间。江苏宜兴上袁村人。他精工壶艺，立意新颖，造型别致，手法表现极为细腻。尤其精熟圆浮雕九龙戏珠一类的造型，他能塑造的龙条条灵动，形态逼真，活灵活现，浑然一体，形制独特，胰丽技艺，鬼斧神工。所制龙壶的紫砂艺术作品，前无古人，后少来者，尽显登峰造极。他的仿春秋布币的制壶作品独树一帜，绝无仅有。邵友廷紫砂作品，大多盖有回纹边内刻"邵友廷造"楷书印和单边"邵友廷造"楷书印，及尤为珍稀的刻款"邵友廷"和"友廷"两字的椭圆形阳文篆印。他的独到之艺受到当时紫砂陶艺界的广泛关注与赞赏的同时，亲力亲为传授给继子程寿珍，为其奠定制作紫砂艺术品的坚实基础，成为屡摘国际金奖的名手。邵友廷是清末紫砂陶艺的著名大家。

大清乾隆年制 空穴来财壶　　■长：15cm　■高：8cm　■直径：10cm

　　东汉至今，瓷陶器向来是"瓷器注窑口，紫砂重名头"，以示其身世和身价。其中只有佛、神人物类的瓷陶圆雕品是既无窑名又无制者名头，是为显示神圣不可逾越的特殊尊严。其实陶艺师们依作品的来由和去向，依然是有序可循的。正如清末北京大学国文系教授许之衡〔清光绪三年（1877年）至民国二十四年（1935年）〕在《饮流斋说瓷》中云："瓷款之堂名、斋名者，大抵分四类，一为帝王，一为亲贵，一为名士而达官者，一为雅匠良工也。""宫廷鉴制"印、"御制"印以及"朝代年份"印的紫砂艺术制品，也从来不是一个紫砂陶艺师所能独立完成的。这些拥有高贵头衔的珍贵作品从立意造型到精细制作，都是由当时的达官贵人、文人士大夫们，同一些高知名度的陶塑大师们，绝技智慧共同升华后所产生的艺术结果。同时，也是为后人留下代表当时紫艺水平的一个宝贵典范。

陈子畦造 福满乾坤壶　　■ 长：15cm　■ 高：12cm　■ 直径：9cm

陈子畦

　　生于明代天启五年（1625年），殁于清代康熙二十九年（1690年）。浙江桐乡人，陈鸣远、陈汉文之父。《桐乡县志》载："陈子畦仿友泉壶最佳，工制壶、杯、瓶、盒诸物，为世所珍。作品多紫泥，胎薄而工，且以擅作虫蛀残叶见称。书法有晋、唐之风。"民国时期收藏家、鉴赏家李景康、张虹著《阳羡砂壶图考》中录有二器："不耽阁"藏"紫砂小壶"一具；形做圆珠式，惜流缺重补。另为碧山壶馆藏"紫砂大壶"一具，形做扁花篮式，身胎甚薄，底钤"陈子畦"三字楷书。香港中文大学文物馆藏"南瓜壶"一具，紫泥调砂，壶身做成八瓣南瓜形，壶把为瓜藤，壶流为卷叶，壶盖为瓜蒂，整体浑然天成，自然有致，把下钤"陈子畦"篆文方印。另香港茶具文物馆藏"贴栀子花树段笔筒"一件，配色和谐，贴画生动，器做工整，底钤"陈子畦"篆文方印。陈子畦的作品做工尤精，造型新颖，壶体匀称，达到精妙之极。对其子陈鸣远、陈汉文在壶艺上的传教影响十分深刻。清代早期著名的紫砂陶艺大师。

杨彭年造 九龙戏水壶　　■ 长：18cm　　■ 高：13cm　　■ 直径：10cm

杨彭年

　　字二泉，号大鹏，生于清嘉庆丙辰年（1796年），卒于清道光庚戌年（1850年）。江苏宜兴人，一说浙江桐乡人。弟宝年、妹凤年，均为清代制壶名艺人。所制茗壶，玉色晶莹，气韵温雅，浑朴玲珑，具天然之趣，艺林视为珍品。当时他常为溧阳知县陈鸿寿制作"曼生壶"，历来为鉴赏家们所珍爱。他善于配泥，首创捏嘴不用模子和掇暗嘴之工艺，随意制成，亦有天然之致。他还善铭刻，工隶书，追求金石味。常与当时名人雅士陈鸿寿（曼生）、瞿应绍（子冶）、朱坚（石梅）、邓奎（符生）、郭麟（祥伯、频伽）等合作镌刻书画。技艺成熟，至善尽美。世称"彭年壶""彭年曼生壶""彭年石瓢壶"，声名极盛。他是使"壶随字贵，字依壶传"重大推举的重要力行者，对后世影响颇大。清代著名的紫砂陶艺家。

陈鸣远 独霸天下布袋壶　　▪长：17cm　▪高：11cm　▪直径：9cm

陈鸣远

　　名远，字鸣远，号鹤峰、石霞山人、壶隐，活动于清代康熙年间。江苏宜兴人，原籍浙江桐乡，制壶名师陈子畦之子。他所有作品，立意深远，主题内涵，无声诉说，表达理念，精致雕塑，技艺精湛，让人细品，哲理无限。他一生所制茗壶、雅玩品类达数十种，无不精美绝伦，尤以仿古代青铜器爵、觚、鼎、彝等古彝器的紫砂茗壶作品，工艺精，品位高，古趣盎然。创新立意塑造的紫砂茗壶作品更是精道至极，都以特写彰显内载，形态表现意境，这种高超思维的制作手法，使自然生态和物体固态的技术造化，表现得淋漓尽致，惟妙惟肖。他还制作了许多案头陈设的雅玩和文房用具，及仿生的菱角、扁豆、花生、玉蜀黍、蘑菇、栗子、藕片、荸荠、核桃、白果等，无不精妙，给人以活生生鲜灵灵的审美感受，令人拍案叫绝。他还开创了壶体镌刻诗铭装饰，署款刻名和印章并用，把中国传统的绘画书法艺术和书款方式，引入紫砂茗壶的制作工艺，使原来光素无华的壶体增添了许多隽永的装饰情趣，把壶艺、品茗和文人的风雅情致融为一体，使紫砂茗壶更具浓厚的书卷气，极大地提高了紫砂茗壶的艺术价值和文化价值。再加之诗铭、书款的书法雅健娟秀，富有晋唐笔意，为文人学士、名臣公卿争相觅取，名孚中外，赢来了北京城里"海外竞求鸣远碟"的赞语。他雕镂兼长，上承明代精粹，下开清代格局，他的作品，可与夏、商、周三代的金、玉器物并列，可与实用、观赏同在，成为真正的艺术品，从而进入中国紫砂陶艺殿堂的顶端，亘贯古今，熠熠生辉。以在紫砂陶艺发展史上建立的卓越功勋，陈鸣远成为时大彬之后在紫砂陶艺史上全面精熟的最杰出的一代名师。

大清乾隆年制 八仙壶　　■ 长：18cm　　■ 高：12cm　　■ 直径：10cm

　　东汉至今，瓷陶器向来是"瓷器注窑口，紫砂重名头"，以示其身世和身价。其中只有佛、神人物类的瓷陶圆雕品是既无窑名又无制者名头，是为显示神圣不可逾越的特殊尊严。其实陶艺师们依作品的来由和去向，依然是有序可循的。正如清末北京大学国文系教授许之衡〔清光绪三年（1877年）至民国二十四年（1935年）〕在《饮流斋说瓷》中云："瓷款之堂名、斋名者，大抵分四类，一为帝王，一为亲贵，一为名士而达官者，一为雅匠良工也。""宫廷鉴制"印、"御制"印以及"朝代年份"印的紫砂艺术制品，也从来不是一个紫砂陶艺师所能独立完成的。这些拥有高贵头衔的珍贵作品从立意造型到精细制作，都是由当时的达官贵人、文人士大夫们，同一些高知名度的陶塑大师们，绝技智慧共同升华后所产生的艺术结果。同时，也是为后人留下代表当时紫艺水平的一个宝贵典范。

冰心道人 树瘿壶   ■长：17cm   ■高：9cm   ■直径：10cm

程寿珍

  号冰心道人。生于清代咸丰八年（1858年），卒于中华民国二十八年（1939年）。江苏宜兴上袁村人。师承养父邵友庭，精艺熟练，擅长制形体简练的壶式，作品粗犷中有韵味，所制的"掇球壶"最负盛名，壶是由三个大、中、小的圆球重叠而垒成，故称掇球壶。其造型以优美弧线组成主体，线条流通，视觉感极为舒适，整把壶稳健丰润。该壶于清宣统二年（1910年），由阳羡陶器公司推荐到江苏江宁（今南京市）举行的第一届南洋劝业会获最高金奖。在中华民国四年（1915年）美国旧金山举办的太平洋巴拿马万国国际赛会和中华民国二十一年（1932年）美国芝加哥博览会上，分获头等奖和优秀奖。这是我国第一批紫砂器国际奖项的获得者。中晚年仅制掇球、仿鼓、汉扁三种壶式，钤印有"冰心道人""八十二老人"等，此后所制掇球壶底钤有"八十二老人作此茗壶，巴拿马和国货物品展览会曾得优奖"款识，盖印篆书"寿珍"印，把有"真记"楷书小印。清末紫砂陶艺大师。

陈子畦 柱础提梁壶   ▪ 长：18cm   ▪ 高：16cm   ▪ 直径：10cm

陈子畦

　　生于明代天启五年（1625年），殁于清代康熙二十九年（1690年）。浙江桐乡人，陈鸣远、陈汉文之父。《桐乡县志》载："陈子畦仿友泉壶最佳，工制壶、杯、瓶、盒诸物，为世所珍。作品多紫泥，胎薄而工，且以擅作虫蛀残叶见称。书法有晋、唐之风。"民国时期收藏家、鉴赏家李景康、张虹著《阳羡砂壶图考》中录有二器："不耽阁"藏"紫砂小壶"一具；形做圆珠式，惜流缺重补。另为碧山壶馆藏"紫砂大壶"一具，形做扁花篮式，身胎甚薄，底钤"陈子畦"三字楷书。香港中文大学文物馆藏"南瓜壶"一具，紫泥调砂，壶身做成八瓣南瓜形，壶把为瓜藤，壶流为卷叶，壶盖为瓜蒂，整体浑然天成，自然有致，把下钤"陈子畦"篆文方印。另香港茶具文物馆藏"贴栀子花树段笔筒"一件，配色和谐，贴画生动，器做工整，底钤"陈子畦"篆文方印。陈子畦的作品做工尤精，造型新颖，壶体匀称，达到精妙之极。对其子陈鸣远、陈汉文在壶艺上的传教影响十分深刻。清代早期著名的紫砂陶艺大师。

大清乾隆年制 浮雕蓬莱仙境壶　　■ 长：13cm　■ 高：8cm　■ 直径：6cm

　　东汉至今，瓷陶器向来是"瓷器注窑口，紫砂重名头"，以示其身世和身价。其中只有佛、神人物类的瓷陶圆雕品是既无窑名又无制者名头，是为显示神圣不可逾越的特殊尊严。其实陶艺师们依作品的来由和去向，依然是有序可循的。正如清末北京大学国文系教授许之衡〔清光绪三年（1877年）至民国二十四年（1935年）〕在《饮流斋说瓷》中云："瓷款之堂名、斋名者，大抵分四类，一为帝王，一为亲贵，一为名士而达官者，一为雅匠良工也。""官廷鉴制"印、"御制"印以及"朝代年份"印的紫砂艺术制品，也从来不是一个紫砂陶艺师所能独立完成的。这些拥有高贵头衔的珍贵作品从立意造型到精细制作，都是由当时的达官贵人、文人士大夫们，同一些高知名度的陶塑大师们，绝技智慧共同升华后所产生的艺术结果。同时，也是为后人留下代表当时紫艺水平的一个宝贵典范。

陈鸣远制 树瘿壶 　　■长：20cm　■高：16cm　■直径：11cm

陈鸣远

　　名远，字鸣远，号鹤峰、石霞山人、壶隐，活动于清代康熙年间。江苏宜兴人，原籍浙江桐乡，制壶名师陈子畦之子。他所有作品，立意深远，主题内涵，无声诉说，表达理念，精致雕塑，技艺精湛，让人细品，哲理无限。他一生所制茗壶、雅玩品类达数十种，无不精美绝伦，尤以仿古代青铜器爵、觚、鼎、簠等古彝器的紫砂茗壶作品，工艺精，品位高，古趣盎然。创新立意塑造的紫砂茗壶作品更是精道至极，都以特写彰显内载，形态表现意境，这种高超思维的制作手法，使自然生态和物体固态的技术造化，表现得淋漓尽致，惟妙惟肖。他还制作了许多案头陈设的雅玩和文房用具，及仿生的菱角、扁豆、花生、玉蜀黍、蘑菇、栗子、藕片、荸荠、核桃、白果等，无不精妙，给人以活生生鲜灵灵的审美感受，令人拍案叫绝。他还开创了壶体镌刻诗铭装饰，署款刻名和印章并用，把中国传统的绘画书法艺术和书款方式，引入紫砂茗壶的制作工艺，使原来光素无华的壶体增添了许多隽永的装饰情趣，把壶艺、品茗和文人的风雅情致融为一体，使紫砂茗壶更具浓厚的书卷气，极大地提高了紫砂茗壶的艺术价值和文化价值。再加之诗铭、书款的书法雅健娟秀，富有晋唐笔意，为文人学士、名臣公卿争相觅取，名孚中外，赢来了北京城里"海外竞求鸣远碟"的赞语。他雕镂兼长，上承明代精粹，下开清代格局，他的作品，可与夏、商、周三代的金、玉器物并列，可与实用、观赏同在，成为真正的艺术品，从而进入中国紫砂陶艺殿堂的顶端，亘贯古今，熠熠生辉。以在紫砂陶艺发展史上建立的卓越功勋，陈鸣远成为时大彬之后在紫砂陶艺史上全面精熟的最杰出的一代名师。

道光年造 束竹金瓜壶　　■长：20cm　■高：14cm　■直径：11cm

  东汉至今，瓷陶器向来是"瓷器注窑口，紫砂重名头"，以示其身世和身价。其中只有佛、神人物类的瓷陶圆雕品是既无窑名又无制者名头，是为显示神圣不可逾越的特殊尊严。其实陶艺师们依作品的来由和去向，依然是有序可循的。正如清末北京大学国文系教授许之衡〔清光绪三年（1877年）至民国二十四年（1935年）〕在《饮流斋说瓷》中云："瓷款之堂名、斋名者，大抵分四类，一为帝王，一为亲贵，一为名士而达官者，一为雅匠良工也。""宫廷鉴制"印、"御制"印以及"朝代年份"印的紫砂艺术制品，也从来不是一个紫砂陶艺师所能独立完成的。这些拥有高贵头衔的珍贵作品从立意造型到精细制作，都是由当时的达官贵人、文人士大夫们，同一些高知名度的陶塑大师们，绝技智慧共同升华后所产生的艺术结果。同时，也是为后人留下代表当时紫艺水平的一个宝贵典范。

康熙御制 珐琅彩绘满福多子壶 ▪长：16cm ▪高：12cm ▪直径：11cm

　　东汉至今，瓷陶器向来是"瓷器注窑口，紫砂重名头"，以示其身世和身价。其中只有佛、神人物类的瓷陶圆雕品是既无窑名又无制者名头，是为显示神圣不可逾越的特殊尊严。其实陶艺师们依作品的来由和去向，依然是有序可循的。正如清末北京大学国文系教授许之衡〔清光绪三年（1877年）至民国二十四年（1935年）〕在《饮流斋说瓷》中云："瓷款之堂名、斋名者，大抵分四类，一为帝王，一为亲贵，一为名士而达官者，一为雅匠良工也。""官廷鉴制"印、"御制"印以及"朝代年份"印的紫砂艺术制品，也从来不是一个紫砂陶艺师所能独立完成的。这些拥有高贵头衔的珍贵作品从立意造型到精细制作，都是由当时的达官贵人、文人士大夫们，同一些高知名度的陶塑大师们，绝技智慧共同升华后所产生的艺术结果。同时，也是为后人留下代表当时紫艺水平的一个宝贵典范。

陈文伯 大虚扁壶　　■长：18cm　■高：9cm　■直径：11cm

陈文伯　陈文居

二人是兄弟，活动于清代雍正至乾隆年间。文伯号"寄石山房"，文居号"荆溪水石山人"。所制紫砂作品畅销日本，经久不衰。亲书刻款"陈文伯"尤为珍贵。陈文伯是清代著名紫砂陶艺家。

惠孟臣造 南瓜壶　■长：13cm　■高：9cm　■直径：9cm

惠孟臣

　　字孟臣，号山中一古人，约活动于明代天启至清代康熙年间，荆溪（今江苏宜兴）人。惠孟臣壶艺出众，独树一帜，作品以小壶多，中壶少，大壶最罕，所制茗壶大者浑朴，小者精妙。善于配制多种调砂泥，有白砂、紫砂、朱砂，以朱紫者多，白砂者少。壶式有圆有扁，有高身、平肩、梨形、鼓腹、圆腹、扇形等，尤以所制梨形壶最具盛名。十七世纪末外销欧洲各地，对欧洲早期的制壶业影响很大。近现代紫砂壶研究专家韩其楼在《紫砂壶全书》中披露："惠孟臣闻名欧洲及本国历史长达200年之久，他所创制的朱泥梨形小壶，极受欢迎。"惠孟臣后期专制朱砂几何形小壶，造型奇、体积小、工艺精，工艺手法极洗练，富节奏感，尤其是壶的流嘴，不论长或短，均刚直劲拔，壶体光泽莹润，胎薄轻巧，线条圆转流畅，有着与众不同的鲜明特色。他注重制壶铭刻的书法，有书"荆溪惠孟臣制""惠孟臣制""孟臣制"等多种款识，有的前面标有制作年份或绝句，一般是在十几字组成的诗句或吉祥语，字体多为楷书，也有行书体，笔势灵动，具书法韵味，用竹刀刻画，书法秀娟，笔法绝类唐代大书法家褚遂良。后期作品并用钤印。惠孟臣是中国紫砂陶艺史上一位海内外知名度很高的壶艺大师。

杨彭年造 镶玉壶　　▪ 长：15cm　▪ 高：8cm　▪ 直径：9cm

杨彭年

　　字二泉，号大鹏，生于清嘉庆丙辰年（1796年），卒于清道光庚戌年（1850年）。江苏宜兴人，一说浙江桐乡人。弟宝年、妹凤年，均为清代制壶名艺人。所制茗壶，玉色晶莹，气韵温雅，浑朴玲珑，具天然之趣，艺林视为珍品。当时他常为溧阳知县陈鸿寿制作"曼生壶"，历来为鉴赏家们所珍爱。他善于配泥，首创捏嘴不用模子和掇暗嘴之工艺，随意制成，亦有天然之致。他还善铭刻，工隶书，追求金石味。常与当时名人雅士陈鸿寿（曼生）、瞿应绍（子冶）、朱坚（石梅）、邓奎（符生）、郭麟（祥伯、频伽）等合作镌刻书画。技艺成熟，至善尽美。世称"彭年壶""彭年曼生壶""彭年石瓢壶"，声名极盛。他是使"壶随字贵，字依壶传"重大推举的重要力行者，对后世影响颇大。清代著名的紫砂陶艺家。

陈子畦 软提梁壶　　▪长：13cm　▪高：11cm　▪直径：11cm

陈子畦

生于明代天启五年（1625年），殁于清代康熙二十九年（1690年）。浙江桐乡人，陈鸣远、陈汉文之父。《桐乡县志》载："陈子畦仿友泉壶最佳，工制壶、杯、瓶、盒诸物，为世所珍。作品多紫泥，胎薄而工，且以擅作虫蛀残叶见称。书法有晋、唐之风。"民国时期收藏家、鉴赏家李景康、张虹著《阳羡砂壶图考》中录有二器："不耽阁"藏"紫砂小壶"一具；形做圆珠式，惜流缺重补。另为碧山壶馆藏"紫砂大壶"一具，形做扁花篮式，身胎甚薄，底钤"陈子畦"三字楷书。香港中文大学文物馆藏"南瓜壶"一具，紫泥调砂，壶身做成八瓣南瓜形，壶把为瓜藤，壶流为卷叶，壶盖为瓜蒂，整体浑然天成，自然有致，把下钤"陈子畦"篆文方印。另香港茶具文物馆藏"贴栀子花树段笔筒"一件，配色和谐，贴画生动，器做工整，底钤"陈子畦"篆文方印。陈子畦的作品做工尤精，造型新颖，壶体匀称，达到精妙之极。对其子陈鸣远、陈汉文在壶艺上的传教影响十分深刻。清代早期著名的紫砂陶艺大师。

潘富鼎制 软提梁金瓜壶 ▪ 长：19cm ▪ 高：16cm ▪ 直径：12cm

潘富鼎

　　约活动于清代乾隆年间。工紫砂制壶，力主创新。所制茗壶，式度精妍，玲珑精巧，浑朴而妍整。主承制宫廷御品。清代著名紫砂陶艺家。

冰心道人 梨皮壶　　■ 长：16 cm　■ 高：13cm　■ 直径：11cm

程寿珍

号冰心道人。生于清代咸丰八年（1858年），卒于中华民国二十八年（1939年）。江苏宜兴上袁村人。师承养父邵友庭，精艺熟练，擅长制形体简练的壶式，作品粗犷中有韵味，所制的"掇球壶"最负盛名，壶是由三个大、中、小的圆球重叠而垒成，故称掇球壶。其造型以优美弧线组成主体，线条流通，视觉感极为舒适，整把壶稳健丰润。该壶于清宣统二年（1910年），由阳羡陶器公司推荐到江苏江宁（今南京市）举行的第一届南洋劝业会获最高金奖。在中华民国四年（1915年）美国旧金山举办的太平洋巴拿马万国国际赛会和中华民国二十一年（1932年）美国芝加哥博览会上，分获头等奖和优秀奖。这是我国第一批紫砂器国际奖项的获得者。中晚年仅制掇球、仿鼓、汉扁三种壶式，钤印有"冰心道人""八十二老人"等，此后所制掇球壶底钤有"八十二老人作此茗壶，巴拿马和国货物品展览会曾得优奖"款识，盖印篆书"寿珍"印，把有"真记"楷书小印。清末紫砂陶艺大师。

潘富鼎制 软提梁金瓜壶 ▪长：19cm ▪高：16cm ▪直径：12cm

潘富鼎

　　约活动于清代乾隆年间。工紫砂制壶，力主创新。所制茗壶，式度精妍，玲珑精巧，浑朴而妍整。主承制宫廷御品。清代著名紫砂陶艺家。

冰心道人 梨皮壶   ▪长：16 cm   ▪高：13cm   ▪直径：11cm

程寿珍

　　号冰心道人。生于清代咸丰八年（1858年），卒于中华民国二十八年（1939年）。江苏宜兴上袁村人。师承养父邵友庭，精艺熟练，擅长制形体简练的壶式，作品粗犷中有韵味，所制的"掇球壶"最负盛名，壶是由三个大、中、小的圆球重叠而垒成，故称掇球壶。其造型以优美弧线组成主体，线条流通，视觉感极为舒适，整把壶稳健丰润。该壶于清宣统二年（1910年），由阳羡陶器公司推荐到江苏江宁（今南京市）举行的第一届南洋劝业会获最高金奖。在中华民国四年（1915年）美国旧金山举办的太平洋巴拿马万国国际赛会和中华民国二十一年（1932年）美国芝加哥博览会上，分获头等奖和优秀奖。这是我国第一批紫砂器国际奖项的获得者。中晚年仅制掇球、仿鼓、汉扁三种壶式，钤印有"冰心道人""八十二老人"等，此后所制掇球壶底钤有"八十二老人作此茗壶，巴拿马和国货物品展览会曾得优奖"款识，盖印篆书"寿珍"印，把有"真记"楷书小印。清末紫砂陶艺大师。

荆溪陈汉文造 虎啸四方壶　　■ 长：18cm　■ 高：12cm　■ 直径：9cm

陈汉文

　　活动于清康熙至乾隆年间，江苏宜兴人，原籍浙江桐乡。所作古器工极精雅，壶式精巧而不失古朴风味。近现代紫砂研究专家贺盘发《再谈宜兴紫砂的两种壶艺风格》中称："陈汉文，系陈鸣远之弟，工茗壶，善铺砂，浑朴不让前辈，制式以精雅著称。北京故宫旧藏的四方小壶'，壶式如天鸡，足如传炉，构思奇巧，通体堆以阳文篆字和山水人物，堪称宫廷风格之佳作。"《宜兴陶瓷发展史》（油印本）载文："陈汉文工制砂壶，擅配泥，有喜铺砂特长，工艺独特，形体完美。"陈汉文制器，通常于底部钤"荆溪陈汉文"五字篆文长方章。清代著名陶艺家。

大清雍正年制 珐琅彩绘提梁壶　　■ 长：19cm　■ 高：21cm　■ 直径：13cm

　　东汉至今，瓷陶器向来是"瓷器注窑口，紫砂重名头"，以示其身世和身价。其中只有佛、神人物类的瓷陶圆雕品是既无窑名又无制者名头，是为显示神圣不可逾越的特殊尊严。其实陶艺师们依作品的来由和去向，依然是有序可循的。正如清末北京大学国文系教授许之衡〔清光绪三年（1877年）至民国二十四年（1935年）〕在《饮流斋说瓷》中云："瓷款之堂名、斋名者，大抵分四类，一为帝王，一为亲贵，一为名士而达官者，一为雅匠良工也。""官廷鉴制"印、"御制"印以及"朝代年份"印的紫砂艺术制品，也从来不是一个紫砂陶艺师所能独立完成的。这些拥有高贵头衔的珍贵作品从立意造型到精细制作，都是由当时的达官贵人、文人士大夫们，同一些高知名度的陶塑大师们，绝技智慧共同升华后所产生的艺术结果。同时，也是为后人留下代表当时紫艺水平的一个宝贵典范。

清德堂 荷花仙子壶　　■长：12cm　■高：10cm　■直径：8cm

清德堂

　　宋荦任江苏巡抚时，于清代康熙三十一年（1692年），在宜兴定制紫砂壶的堂号。

宋荦

　　字牧仲，号漫堂，又号绵津山人，晚号西陂老人、西陂放鸭翁。河南商丘人。生于明代崇祯七年（1634年），殁于清代康熙五十二年（1713年）。宋荦博学嗜古，工诗词古文，与王士祯齐名。善水墨兰竹，超妙工致。精鉴赏，收藏名迹甚富，爱好壶艺。官至吏部尚书。宋荦因其为官清廉和超人才干，被康熙帝誉为"清廉为天下巡抚第一"。康熙帝三次南巡皆有宋荦迎送。康熙四十四年（1705年），宋荦因操劳过度，气脱旧病复发。康熙帝闻讯，特"颁赐珍药"，赐御书"福""寿"二字。同时，立派御医黄运为之医治，并赐圣药和高丽参，御医一直跟随宋荦身边，直到病愈。宋荦深得康熙帝的恩宠，多次被提拔重用。民国时期收藏家、鉴赏家李景康、张虹著《阳羡砂壶图考》中称：牧仲曾游宜兴东坡书院，前有石坊，题曰"东坡先生买田处"，牧仲中丞手笔也。并曰砂壶传器，有"清德堂"篆印者，必为宋荦所定制。"清德堂"紫艺品的存在有着非同寻常的传承意义。

何心舟 泥绘平口壶   ▪ 长：13cm ▪ 高：6cm ▪ 直径：9cm

何心舟

  字子陶，号韵石、石林、石林居士，斋名"曼陀华馆"。约活动于清代道光九年（1829年）至清代光绪二十三年（1897年）。浙江绍兴人。工书法、篆刻，技艺高超。长期与上海画家任伯年、胡公寿、梅调鼎等多有合作往来。曾与王东石于宁波筑窑烧制紫砂壶，史称"玉成窑"，所制壶器，独具匠心，造工精练、简巧，且制器造型往往别具一格。取材自然，文化气息极浓，数量珍罕，被古今收藏界视为珍品。紫砂界曾有这样的评价："陶艺传承，绵延至今，雅俗共赏，文化先行，前有陈曼生，后有何心舟。"近现代紫砂陶艺大师顾景舟在《溯源话艺》中写道："同治至光绪的数十年中，在文人与紫砂陶艺的结合史上继续谱写光彩的，要推梅调鼎与何心舟的合作，所呈现出来的是耳目一新的文人紫砂壶。" 何心舟在清代晚期把文人紫砂推向绝唱的巅峰，成为享誉业内的制壶大家。

大清乾隆年制 浮雕蓬莱仙境壶　　■长：11cm　■高：9cm　■直径：7cm

　　东汉至今，瓷陶器向来是"瓷器注窑口，紫砂重名头"，以示其身世和身价。其中只有佛、神人物类的瓷陶圆雕品是既无窑名又无制者名头，是为显示神圣不可逾越的特殊尊严。其实陶艺师们依作品的来由和去向，依然是有序可循的。正如清末北京大学国文系教授许之衡〔清光绪三年（1877年）至民国二十四年（1935年）〕在《饮流斋说瓷》中云："瓷款之堂名、斋名者，大抵分四类，一为帝王，一为亲贵，一为名士而达官者，一为雅匠良工也。""宫廷鉴制"印、"御制"印以及"朝代年份"印的紫砂艺术制品，也从来不是一个紫砂陶艺师所能独立完成的。这些拥有高贵头衔的珍贵作品从立意造型到精细制作，都是由当时的达官贵人、文人士大夫们，同一些高知名度的陶塑大师们，绝技智慧共同升华后所产生的艺术结果。同时，也是为后人留下代表当时紫艺水平的一个宝贵典范。

黄玉麟作 梭形壶
- 长：18cm
- 高：12cm
- 直径：10cm

黄玉麟

　　原名玉林，曾用名玉麐，生于清代道光二十二年（1842年），殁于民国三年（1914年）。江苏宜兴蜀山人，原籍丹阳，幼孤。清代咸丰六年（1856年）满13岁时，师从邵湘甫，学陶器三年。清代光绪二十一年（1895年）黄玉麟53岁时，受聘于喜收藏、爱古董，历任广东、湖南巡抚吴大澂府上，为其创新制作紫砂茗壶。由此，黄玉麟得以观彝鼎及古器，艺日进，誉时增，其壶底钤"愙斋"阳文篆书款的作品，泥色莹洁，外观清雅，格度浑厚，光洁圆润，精巧工整，灵妙天然。深受吴大澂的喜爱及名人士大夫们广泛的欢迎，黄玉麟亦名声大振。此间，吴大澂为感谢黄玉麟的精心创作，特亲自篆刻"黄玉麟作"四字古篆字印款章相赠，黄玉麟视为珍宝，一直沿用到人生终年。清代光绪二十四年（1898年），黄玉麟载誉归乡，吴大澂派人送来亲自订制书写的红木横匾一块，上书"壶家妙手"四字，用阳文篆书描金，署款"愙斋 吴大澂"，高高挂于黄玉麟家正门中堂，至今传为美谈。 进入晚年后的黄玉麟，每制一壶，随着技艺愈深，必反复斟酌推敲，精心构撰，积日月而成。近现代紫砂陶艺大师顾景舟推崇为："黄玉麟是邵大亨之后唯一杰出的制壶大家"。

孟臣 秋水壶 ▪ 长：14cm ▪ 高：9cm ▪ 直径：9cm

惠孟臣

  字孟臣，号山中一古人，约活动于明代天启至清代康熙年间，荆溪（今江苏宜兴）人。惠孟臣壶艺出众，独树一帜，作品以小壶多，中壶少，大壶最罕，所制茗壶大者浑朴，小者精妙。善于配制多种调砂泥，有白砂、紫砂、朱砂，以朱紫者多，白砂者少。壶式有圆有扁，有高身、平肩、梨形、鼓腹、圆腹、扇形等，尤以所制梨形壶最具盛名。十七世纪末外销欧洲各地，对欧洲早期的制壶业影响很大。近现代紫砂壶研究专家韩其楼在《紫砂壶全书》中披露："惠孟臣闻名欧洲及本国历史长达200年之久，他所创制的朱泥梨形小壶，极受欢迎。"惠孟臣后期专制朱砂几何形小壶，造型奇、体积小、工艺精，工艺手法极洗练，富节奏感，尤其是壶的流嘴，不论长或短，均刚直劲拔，壶体光泽莹润，胎薄轻巧，线条圆转流畅，有着与众不同的鲜明特色。他注重制壶铭刻的书法，有书"荆溪惠孟臣制""惠孟臣制""孟臣制"等多种款识，有的前面标有制作年份或绝句，一般是在十几字组成的诗句或吉祥语，字体多为楷书，也有行书体，笔势灵动，具书法韵味，用竹刀刻画，书法秀娟，笔法绝类唐代大书法家褚遂良。后期作品并用钤印。惠孟臣是中国紫砂陶艺史上一位海内外知名度很高的壶艺大师。

大清宫廷监造 五佛擎天壶
- 长:17cm - 高:15cm - 直径:8cm

　　东汉至今,瓷陶器向来是"瓷器注窑口,紫砂重名头",以示其身世和身价。其中只有佛、神人物类的瓷陶圆雕品是既无窑名又无制者名头,是为显示神圣不可逾越的特殊尊严。其实陶艺师们依作品的来由和去向,依然是有序可循的。正如清末北京大学国文系教授许之衡〔清光绪三年(1877年)至民国二十四年(1935年)〕在《饮流斋说瓷》中云:"瓷款之堂名、斋名者,大抵分四类,一为帝王,一为亲贵,一为名士而达官者,一为雅匠良工也。""宫廷鉴制"印、"御制"印以及"朝代年份"印的紫砂艺术制品,也从来不是一个紫砂陶艺师所能独立完成的。这些拥有高贵头衔的珍贵作品从立意造型到精细制作,都是由当时的达官贵人、文人士大夫们,同一些高知名度的陶塑大师们,绝技智慧共同升华后所产生的艺术结果。同时,也是为后人留下代表当时紫艺水平的一个宝贵典范。

光绪御制 掇球壶 ▪ 长：12cm ▪ 高：9cm ▪ 直径：9cm

东汉至今，瓷陶器向来是"瓷器注窑口，紫砂重名头"，以示其身世和身价。其中只有佛、神人物类的瓷陶圆雕品是既无窑名又无制者名头，是为显示神圣不可逾越的特殊尊严。其实陶艺师们依作品的来由和去向，依然是有序可循的。正如清末北京大学国文系教授许之衡〔清光绪三年（1877年）至民国二十四年（1935年）〕在《饮流斋说瓷》中云："瓷款之堂名、斋名者，大抵分四类，一为帝王，一为亲贵，一为名士而达官者，一为雅匠良工也。""宫廷鉴制"印、"御制"印以及"朝代年份"印的紫砂艺术制品，也从来不是一个紫砂陶艺师所能独立完成的。这些拥有高贵头衔的珍贵作品从立意造型到精细制作，都是由当时的达官贵人、文人士大夫们，同一些高知名度的陶塑大师们，绝技智慧共同升华后所产生的艺术结果。同时，也是为后人留下代表当时紫艺水平的一个宝贵典范。

黄玉麟作 梅段壶　　■长：19cm　■高：11cm　■直径：9cm

黄玉麟

　　原名玉林，曾用名玉麐，生于清代道光二十二年（1842年），殁于民国三年（1914年）。江苏宜兴蜀山人，原籍丹阳，幼孤。清代咸丰六年（1856年）满13岁时，师从邵湘甫，学陶器三年。清代光绪二十一年（1895年）黄玉麟53岁时，受聘于喜收藏、爱古董，历任广东、湖南巡抚吴大澂府上，为其创新制作紫砂茗壶。由此，黄玉麟得以观彝鼎及古器，艺日进，誉时增，其壶底钤"客斋"阳文篆书款的作品，泥色莹洁，外观清雅，格度浑厚，光洁圆润，精巧工整，灵妙天然。深受吴大澂的喜爱及名人士大夫们广泛的欢迎，黄玉麟亦名声大振。此间，吴大澂为感谢黄玉麟的精心创作，特亲自篆刻"黄玉麟作"四字古篆字印款章相赠，黄玉麟视为珍宝，一直沿用到人生终年。清代光绪二十四年（1898年），黄玉麟载誉归乡，吴大澂派人送来亲自订制书写的红木横匾一块，上书"壶家妙手"四字，用阳文篆书描金，署款"愙斋 吴大澂"，高高挂于黄玉麟家正门中堂，至今传为美谈。 进入晚年后的黄玉麟，每制一壶，随着技艺愈深，必反复斟酌推敲，精心构撰，积日月而成。近现代紫砂陶艺大师顾景舟推崇为："黄玉麟是邵大亨之后唯一杰出的制壶大家"。

荆溪惠孟臣制 君德式壶　　▪长：11cm　▪高：5cm　▪直径：7cm

惠孟臣

　　字孟臣，号山中一古人，约活动于明代天启至清代康熙年间，荆溪（今江苏宜兴）人。惠孟臣壶艺出众，独树一帜，作品以小壶多，中壶少，大壶最罕，所制茗壶大者浑朴，小者精妙。善于配制多种调砂泥，有白砂、紫砂、朱砂，以朱紫者多，白砂者少。壶式有圆有扁，有高身、平肩、梨形、鼓腹、圆腹、扇形等，尤以所制梨形壶最具盛名。十七世纪末外销欧洲各地，对欧洲早期的制壶业影响很大。近现代紫砂壶研究专家韩其楼在《紫砂壶全书》中披露："惠孟臣闻名欧洲及本国历史长达200年之久，他所创制的朱泥梨形小壶，极受欢迎。"惠孟臣后期专制朱砂几何形小壶，造型奇、体积小、工艺精，工艺手法极洗练，富节奏感，尤其是壶的流嘴，不论长或短，均刚直劲拔，壶体光泽莹润，胎薄轻巧，线条圆转流畅，有着与众不同的鲜明特色。他注重制壶铭刻的书法，有书"荆溪惠孟臣制""惠孟臣制""孟臣制"等多种款识，有的前面标有制作年份或绝句，一般是在十几字组成的诗句或吉祥语，字体多为楷书，也有行书体，笔势灵动，具书法韵味，用竹刀刻画，书法秀娟，笔法绝类唐代大书法家褚遂良。后期作品并用钤印。惠孟臣是中国紫砂陶艺史上一位海内外知名度很高的壶艺大师。

冰心道人 描金八仙过海壶　■ 长：17cm　■ 高：8cm　■ 直径：11cm

程寿珍

  号冰心道人。生于清代咸丰八年（1858年），卒于中华民国二十八年（1939年）。江苏宜兴上袁村人。师承养父邵友庭，精艺熟练，擅长制形体简练的壶式，作品粗犷中有韵味，所制的"掇球壶"最负盛名，壶是由三个大、中、小的圆球重叠而垒成，故称掇球壶。其造型以优美弧线组成主体，线条流通，视觉感极为舒适，整把壶稳健丰润。该壶于清宣统二年（1910年），由阳羡陶器公司推荐到江苏江宁（今南京市）举行的第一届南洋劝业会获最高金奖。在中华民国四年（1915年）美国旧金山举办的太平洋巴拿马万国国际赛会和中华民国二十一年（1932年）美国芝加哥博览会上，分获头等奖和优秀奖。这是我国第一批紫砂器国际奖项的获得者。中晚年仅制掇球、仿鼓、汉扁三种壶式，钤印有"冰心道人""八十二老人"等，此后所制掇球壶底钤有"八十二老人作此茗壶，巴拿马和国货物品展览会曾得优奖"款识，盖印篆书"寿珍"印，把有"真记"楷书小印。清末紫砂陶艺大师。

彭年 瓜楞四足壶　　■长：18cm　■高：12cm　■直径：11cm

黄彭年

　　字子寿，生于清代道光三年（1823年），卒于清代光绪十五年（1889年）。贵州贵筑（今贵阳）人。彭年好绘事，工花卉，嗜茗饮，尝定制宜兴紫砂壶，底钤"彭年"二字篆书方印。清代道光二十七年（1847年）进士，官至湖北布政使。生平以整饬风纪，扶植士类为己任。尝掌教保定莲池书院，成就尤众。纂修《畿辅通志》，有《陶楼集》等著作。父亲黄辅辰，是清代道光年间进士，官至凤邠道，儿子黄国瑾官至翰林院编修。一家三代世传家学，延续祖孙三代三进士，前后步入官宦之道，成为一段佳话。黄彭年藏书甚富，传器亦珍。"彭年"印款，系黄彭年定制紫砂壶的专用字款。

黄玉麟作 狮钮朱雀壶
▪长：16cm ▪高：15cm ▪直径：10cm

黄玉麟

原名玉林，曾用名玉麐，生于清代道光二十二年（1842年），殁于民国三年（1914年）。江苏宜兴蜀山人，原籍丹阳，幼孤。清代咸丰六年（1856年）满13岁时，师从邵湘甫，学陶器三年。清代光绪二十一年（1895年）黄玉麟53岁时，受聘于喜收藏、爱古董，历任广东、湖南巡抚吴大澂府上，为其创新制作紫砂茗壶。由此，黄玉麟得以观彝鼎及古器，艺日进，誉时增，其壶底钤"客斋"阳文篆书款的作品，泥色莹洁，外观清雅，格度浑厚，光洁圆润，精巧工整，灵妙天然。深受吴大澂的喜爱及名人士大夫们广泛的欢迎，黄玉麟亦名声大振。此间，吴大澂为感谢黄玉麟的精心创作，特亲自篆刻"黄玉麟作"四字古篆字印款章相赠，黄玉麟视为珍宝，一直沿用到人生终年。清代光绪二十四年（1898年），黄玉麟载誉归乡，吴大澂派人送来亲自订制书写的红木横匾一块，上书"壶家妙手"四字，用阳文篆书描金，署款"愙斋 吴大澂"，高高挂于黄玉麟家正门中堂，至今传为美谈。进入晚年后的黄玉麟，每制一壶，随着技艺愈深，必反复斟酌推敲，精心构撰，积日月而成。近现代紫砂陶艺大师顾景舟推崇为："黄玉麟是邵大亨之后唯一杰出的制壶大家"。

黄玉麟作 古钟壶 ▪ 长：16cm ▪ 高：12cm ▪ 直径：10cm

黄玉麟

  原名玉林，曾用名玉麐，生于清代道光二十二年（1842年），殁于民国三年（1914年）。江苏宜兴蜀山人，原籍丹阳，幼孤。清代咸丰六年（1856年）满13岁时，师从邵湘甫，学陶器三年。清代光绪二十一年（1895年）黄玉麟53岁时，受聘于喜收藏、爱古董、历任广东、湖南巡抚吴大澂府上，为其创新制作紫砂茗壶。由此，黄玉麟得以观彝鼎及古器，艺日进，誉时增，其壶底钤"客斋"阳文篆书款的作品，泥色莹洁，外观清雅，格度浑厚，光洁圆润，精巧工整，灵妙天然。深受吴大澂的喜爱及名人士大夫们广泛的欢迎，黄玉麟亦名声大振。此间，吴大澂为感谢黄玉麟的精心创作，特亲自篆刻"黄玉麟作"四字古篆字印款章相赠，黄玉麟视为珍宝，一直沿用到人生终年。清代光绪二十四年（1898年），黄玉麟载誉归乡，吴大澂派人送来亲自订制书写的红木横匾一块，上书"壶家妙手"四字，用阳文篆书描金，署款"愙斋 吴大澂"，高高挂于黄玉麟家正门中堂，至今传为美谈。进入晚年后的黄玉麟，每制一壶，随着技艺愈深，必反复斟酌推敲，精心构撰，积日月而成。近现代紫砂陶艺大师顾景舟推崇为："黄玉麟是邵大亨之后唯一杰出的制壶大家"。

杨彭年制 金鸡壶　　■长：15cm　■高：14cm　■直径：9cm

杨彭年

　　字二泉，号大鹏，生于清嘉庆丙辰年（1796年），卒于清道光庚戌年（1850年）。江苏宜兴人，一说浙江桐乡人。弟宝年、妹凤年，均为清代制壶名艺人。所制茗壶，玉色晶莹，气韵温雅，浑朴玲珑，具其天然之趣，艺林视为珍品。当时他常为溧阳知县陈鸿寿制作"曼生壶"，历来为鉴赏家们所珍爱。他善于配泥，首创捏嘴不用模子和掇暗嘴之工艺，随意制成，亦有天然之致。他还善铭刻，工隶书，追求金石味。常与当时名人雅士陈鸿寿（曼生）、瞿应绍（子冶）、朱坚（石梅）、邓奎（符生）、郭麟（祥伯、频伽）等合作镌刻书画。技艺成熟，至善尽美。世称"彭年壶""彭年曼生壶""彭年石瓢壶"，声名极盛。他是使"壶随字贵，字依壶传"重大推举的重要力行者，对后世影响颇大。清代著名的紫砂陶艺家。

陈鸣远制 福寿八方壶
■ 长：18cm　■ 高：9cm　■ 直径：11cm

陈鸣远

名远，字鸣远，号鹤峰、石霞山人、壶隐，活动于清代康熙年间。江苏宜兴人，原籍浙江桐乡，制壶名师陈子畦之子。他所有作品，立意深远，主题内涵，无声诉说，表达理念，精致雕塑，技艺精湛，让人细品，哲理无限。他一生所制茗壶、雅玩品类达数十种，无不精美绝伦，尤以仿古代青铜器爵、觚、鼎、簋等古彝器的紫砂茗壶作品，工艺精，品位高，古趣盎然。创新立意塑造的紫砂茗壶作品更是精道至极，都以特写彰显内载，形态表现意境，这种高超思维的制作手法，使自然生态和物体固态的技术造化，表现得淋漓尽致，惟妙惟肖。他还制作了许多案头陈设的雅玩和文房用具，及仿生的菱角、扁豆、花生、玉蜀黍、蘑菇、栗子、藕片、荸荠、核桃、白果等，无不精妙，给人以活生生鲜灵灵的审美感受，令人拍案叫绝。他还开创了壶体镌刻诗铭装饰，署款刻名和印章并用，把中国传统的绘画书法艺术和书款方式，引入紫砂茗壶的制作工艺，使原来光素无华的壶体增添了许多隽永的装饰情趣，把壶艺、品茗和文人的风雅情致融为一体，使紫砂茗壶更具浓厚的书卷气，极大地提高了紫砂茗壶的艺术价值和文化价值。再加之诗铭、书款的书法雅健娟秀，富有晋唐笔意，为文人学士、名臣公卿争相觅取，名孚中外，赢来了北京城里"海外竞求鸣远碟"的赞语。他雕镂兼长，上承明代精粹，下开清代格局，他的作品，可与夏、商、周三代的金、玉器物并列，可与实用、观赏同在，成为真正的艺术品，从而进入中国紫砂陶艺殿堂的顶端，亘贯古今，熠熠生辉。以在紫砂陶艺发展史上建立的卓越功勋，陈鸣远成为时大彬之后在紫砂陶艺史上全面精熟的最杰出的一代名师。

荆溪凌万兴制 龙佑天下壶　　■长：17cm　■高：13cm　■直径：12cm

凌万兴

　　约活动于清代雍正至乾隆年间，生卒不详。他制壶多型，立意新颖，方圆兼盛，技艺高超，细致入微。用印长方形带框边阳文篆字"荆溪凌万兴制"钤印。清代著名紫砂陶艺家。

陈鸣远 万象更新壶　　■ 长：20cm　　■ 高：12cm　　■ 直径：10cm

陈鸣远

　　名远，字鸣远，号鹤峰、石霞山人、壶隐，活动于清代康熙年间。江苏宜兴人，原籍浙江桐乡，制壶名师陈子畦之子。他所有作品，立意深远，主题内涵，无声诉说，表达理念，精致雕塑，技艺精湛，让人细品，哲理无限。他一生所制茗壶、雅玩品类达数十种，无不精美绝伦，尤以仿古代青铜器爵、觚、鼎、簋等古彝器的紫砂茗壶作品，工艺精，品位高，古趣盎然。创新立意塑造的紫砂茗壶作品更是精道至极，都以特写彰显内载，形态表现意境，这种高超思维的制作手法，使自然生态和物体固态的技术造化，表现得淋漓尽致，惟妙惟肖。他还制作了许多案头陈设的雅玩和文房用具，及仿生的菱角、扁豆、花生、玉蜀黍、蘑菇、栗子、藕片、荸荠、核桃、白果等，无不精妙，给人以活生生鲜灵灵的审美感受，令人拍案叫绝。他还开创了壶体镌刻诗铭装饰，署款刻名和印章并用，把中国传统的绘画书法艺术和书款方式，引入紫砂茗壶的制作工艺，使原来光素无华的壶体增添了许多隽永的装饰情趣，把壶艺、品茗和文人的风雅情致融为一体，使紫砂茗壶更具浓厚的书卷气，极大地提高了紫砂茗壶的艺术价值和文化价值。再加之诗铭、书款的书法雅健娟秀，富有晋唐笔意，为文人学士、名臣公卿争相觅取，名孚中外，赢来了北京城里"海外竞求鸣远碟"的赞语。他雕镂兼长，上承明代精粹，下开清代格局，他的作品，可与夏、商、周三代的金、玉器物并列，可与实用、观赏同在，成为真正的艺术品，从而进入中国紫砂陶艺殿堂的顶端，亘贯古今，熠熠生辉。以在紫砂陶艺发展史上建立的卓越功勋，陈鸣远成为时大彬之后在紫砂陶艺史上全面精熟的最杰出的一代名师。

何心舟 春满乾坤壶　　长：17cm　　高：9cm　　直径：10cm

何心舟

　　字子陶，号韵石、石林、石林居士，斋名"曼陀华馆"。约活动于清代道光九年（1829年）至清代光绪二十三年（1897年）。浙江绍兴人。工书法、篆刻，技艺高超。长期与上海画家任伯年、胡公寿、梅调鼎等多有合作往来。曾与王东石于宁波筑窑烧制紫砂壶，史称"玉成窑"，所制壶器，独具匠心，造工精练、简巧，且制器造型往往别具一格。取材自然，文化气息极浓，数量珍罕，被古今收藏界视为珍品。紫砂界曾有这样的评价："陶艺传承，绵延至今，雅俗共赏，文化先行，前有陈曼生，后有何心舟。"近现代紫砂陶艺大师顾景舟在《溯源话艺》中写道："同治至光绪的数十年中，在文人与紫砂陶艺的结合史上继续谱写光彩的，要推梅调鼎与何心舟的合作，所呈现出来的是耳目一新的文人紫砂壶。"何心舟在清代晚期把文人紫砂推向绝唱的巅峰，成为享誉业内的制壶大家。

蒋燕亭制 金鱼戏荷壶　　■ 长：17cm　■ 高：13cm　■ 直径：8cm

蒋燕亭

　　原名宏高、鸿鹄，曾用名志臣、燕亭。生于清代光绪十六年（1890年），殁于中华民国三十二年（1943年），江苏宜兴川埠人。工治壶，早年师承家学，随父学艺，又从友学习雕塑，善于观察飞禽走兽、虫鱼花草，仿制临摹其形态。蒋燕亭为当代名师蒋蓉伯父，蒋蓉曾随之学习紫砂制作技艺。蒋燕亭技艺全面，所制质朴精工，是名闻一时的紫砂陶艺师。

民国十八 花卉纹镂空壶   ▪长：18cm   ▪高：12cm   ▪直径：11cm

民国十八

  民国十八印款是1929年吴德盛紫砂陶器行创立"金鼎"商标品牌的纪念年款。

铁画轩制 扁柿壶　　■长：15cm　■高：7cm　■直径：10cm

铁画轩

戴国宝创立的紫砂茗壶的商标堂号。

戴国宝

　　字玉屏，号玉道人。生于清代同治九年（1870年），殁于中华民国十六年（1927年），南京人。善绘画，原是刻瓷名手，能以金刚钻刻画花纹于瓷器上，擅双钩法，故其室名曰"铁画轩"，以表明其职业的特色。兼善治印，与吴石仙齐名。中华民国十二年（1923年）与蒋祥元等合股在潜洛创办铁画轩陶器厂，聘范大生、胡耀庭、强义海等制紫砂茗壶，陈少亭、谈泉明等陶刻。他还长年订制俞国良、汪宝根、陈光明、李宝珍、吴云根、储铭、史莲生等人的壶坯，在自己工场加以纹饰。公司印记"铁画轩制"，并自署"戴氏""玉屏"及"玉道人"印款。产品不仅内销，还出口日本、泰国及欧美。其产品均署刻"玉屏生""铁画轩"款，大壶底钤篆书"铁画轩制"大方章或大圆章，小壶铭"铁画轩制"楷书长方小章，壶盖壶把下有制壶人印款。直至1956年公私合营，迁至豫园。"铁画轩"是近代紫砂史上著名的商标、堂号，其所有作品均出自名师之手，质量上乘，为紫砂陶业的发展发挥了巨大的作用。

吴云根制 高福长寿壶　　■ 长：17cm　■ 高：16cm　■ 直径：11cm

吴云根

又名芝莱，生于清代光绪十八年（1892年），殁于1969年，江苏宜兴人。清代光绪三十二年（1906年）14岁时，拜汪生义为师学习制壶技艺，中华民国四年（1915年）23岁时，被山西省平定县邀聘历时三年的制陶技师，他用当地的木炭釉炉窑烧制成类似宜兴紫砂的仿古艺术作品，得到时任山西省主席阎锡山的赏识和收藏，成为近代宜兴陶业界向外省传播紫砂技艺的杰出代表之一。中华民国十八年（1929年）在受聘于南京中央大学陶瓷科当技师时，教导徒弟制壶要讲究形似，更重神似，要懂生态规律，识其品相，从生活中体会写生，从自然中体验，从实践中融会贯通。其间他的光素器的创作更趋成熟，作品构思奇妙，温厚稳重、朴雅润泽，喜用双色泥表达主题，方中寓圆，圆中见方，浑然天成。在艺术上博采众长，蜚声壶界，享有"声名盖及师，来者有几人"出神入化之美誉。他制作的提把弧菱壶、双色竹段壶、大型竹提、传炉壶、线云壶、合菱壶等作品，曾多次选定参加国内外陶艺大展，声誉远播。他待人谦和大度，德艺俱佳，人品敦厚、朴实，大批学子在其扶植之下，步入紫砂工艺殿堂。为当今紫砂艺术界培养出了高海庚、汪寅仙、吕尧臣、葛明仙、何挺初、范洪泉等极具影响的紫砂淘艺师，足见他对紫砂艺术界的卓越贡献。吴云根是近现代著名的紫砂陶艺大师。

铁画轩制 节节高升壶　　■长：15cm　■高：11cm　■直径：8cm

铁画轩

戴国宝创立的紫砂茗壶的商标堂号。

戴国宝

字玉屏，号玉道人。生于清代同治九年（1870年），殁于中华民国十六年（1927年），南京人。善绘画，原是刻瓷名手，能以金刚钻刻画花纹于瓷器上，擅双钩法，故其室名曰"铁画轩"，以表明其职业的特色。兼善治印，与吴石仙齐名。中华民国十二年（1923年）与蒋祥元等合股在潜洛创办铁画轩陶器厂，聘范大生、胡耀庭、强义海等制紫砂茗壶，陈少亭、谈泉明等陶刻。他还长年订制俞国良、汪宝根、陈光明、李宝珍、吴云根、储铭、史莲生等人的壶坯，在自己工场加以纹饰。公司印记"铁画轩制"，并自署"戴氏""玉屏"及"玉道人"印款。产品不仅内销，还出口日本、泰国及欧美。其产品均署刻"玉屏生""铁画轩"款，大壶底钤篆书"铁画轩制"大方章或大圆章，小壶铭"铁画轩制"楷书长方小章，壶盖壶把下有制壶人印款。直至1956年公私合营，迁至豫园。"铁画轩"是近代紫砂史上著名的商标、堂号，其所有作品均出自名师之手，质量上乘，为紫砂陶业的发展发挥了巨大的作用。

金鼎商标 汉扁壶　　■长：18cm　■高：8cm　■直径：13cm

吴汉文

　　号岐陶、歧陶主人、岩如主人、跂陶、企陶、松庐主人、岩如主人，曾用室名松鹤轩等印款署名。生于清代同治十三年（1874年），殁于中华民国三十年（1941年），江苏宜兴人。他自幼习文练字，具有极高的艺术天分，擅长制壶、陶刻，精擅空刻、写刻，享誉四方，阅历广博，交友甚众。他常在紫砂陶器上亲自镌铭刻画，形成独有的"岐陶刻"风格。中华民国五年（1916年），吴汉文在宜兴创办"吴德盛紫砂陶器行"，中华民国十八年（1929年）创立"金鼎"著名商标，是中国紫砂品牌史上较早具有商标意识的商号。金鼎商标将"吴德盛"三字变形组合成一只鼎形图案，四角围绕金鼎商标四字，外以圆圈作边，匠心独运，十分经典。"宝字龙印"同是"吴德盛紫砂陶器行"生产出口泰国及东南亚国家专用茗壶的著名印款。吴德盛能够风云一时，是因为在二十多年的经营中，先后聘俞国良、范大生、冯桂林、胡耀庭、邵陆大、王熙臣、储银兰等著名紫砂陶艺大师，同聘任淦庭、邵云如、卢兰芳、崔克顺、陈研卿、陈少亭等著名陶刻师，集中组织当时紫砂业的技艺精英的广泛参与，出品的紫砂作品质地精良，所刻诗画文化气息浓厚，产品远销日本及东南亚各国。据杨世明在《民国紫砂大事记》中称："中华民国十五年（1926年）吴德盛厂参送美国费城万博会的紫砂茗壶作品获金奖，成一时佳话。"随着吴德盛名号越来越响，金鼎商标品牌亦越来越香，许多书画名流汇集宜兴，与吴汉文合作，以紫砂茗壶的书画高雅，刀法遒劲，山水人物的严谨法度，名壶名刻的相得益彰，形成了集诗书画印为一体的独特民国紫砂艺术，促使那时的生活雅趣，紫砂陶人的高超技艺和艺术审美，叠加成紫砂茗壶的艺术魅力，深得民国社会上层人士的青睐。苏州著名作家范烟桥于中华民国二十三年（1934年）发表的散文《湖山壮兮洞天奇》中描述："入吴德陶器肆，其主人汉文，老于世故，附庸风雅"才能取得的辉煌。吴汉文是清末民初著名紫砂陶刻家、陶艺家、收藏家、实业家、陶坊主，颇负盛名的吴德盛陶器行及金鼎商标创始人。他为紫砂茗壶创立优良品牌，畅行国内外市场，作出了卓越的引领性贡献。

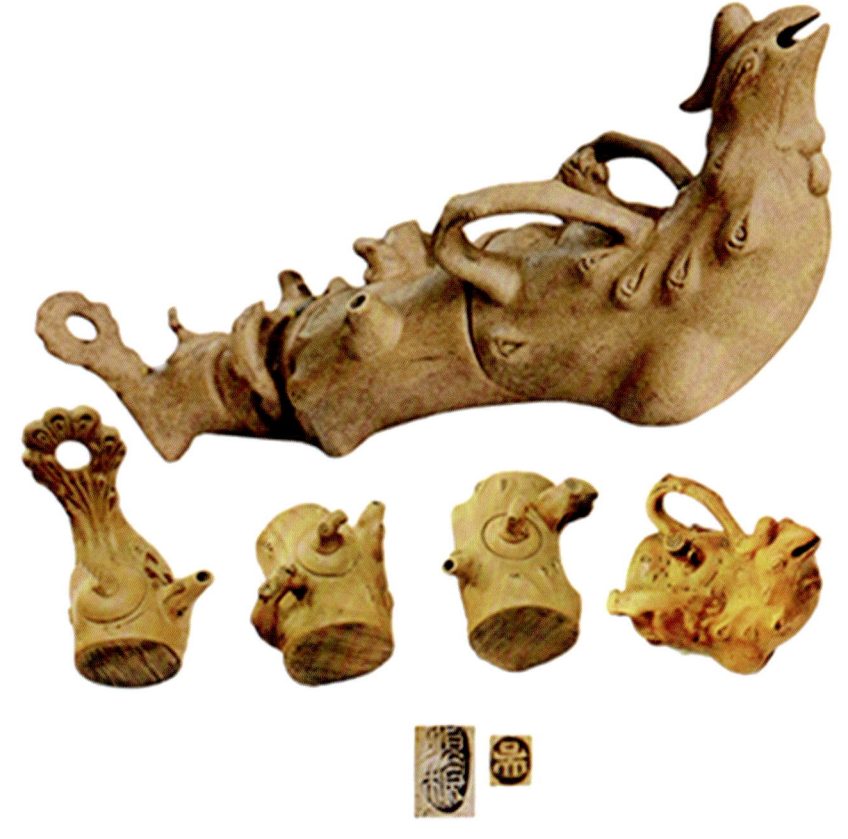

吴顺根 梅段四组合 凤壶　　■ 长：50cm

吴顺根

  又名吴纯耿，生于中华民国五年（1916年），殁于1999年，江苏省宜兴蜀山人，曾用艺名吴澹、亨衡。他生于制壶家庭，因家贫，10岁随父吴桂生学艺。20世纪30年代中期起，其技艺渐趋成熟，成为利用公司的订坯户，并受聘江苏省宜兴陶瓷职校为工场学员作成型示范教学，为宜陶职校订货制壶屡出成效。他思维敏捷，立意新颖，造型别致，端正大方，气度饱满，线条顺畅，工整严谨，均匀协调，精工细作，茗壶作品形制不断标新立异，总是令人耳目一新，受到业界广泛好评和文人雅士的高度赞赏。所用印款均为"顺根"。进入20世纪40年代中叶，吴顺根被朱培鑫聘用，开始使用"吴澹"艺名.有时单用，有时与"顺根"合用。不久，吴顺根受聘宜兴立信陶器行主要技师，用"亨衡""纯耿"印款。"梅段四组合"凤壶，吴顺根作于中华民国三十七年（1948年），时年32岁。吴顺根是近代著名的紫砂陶艺师。

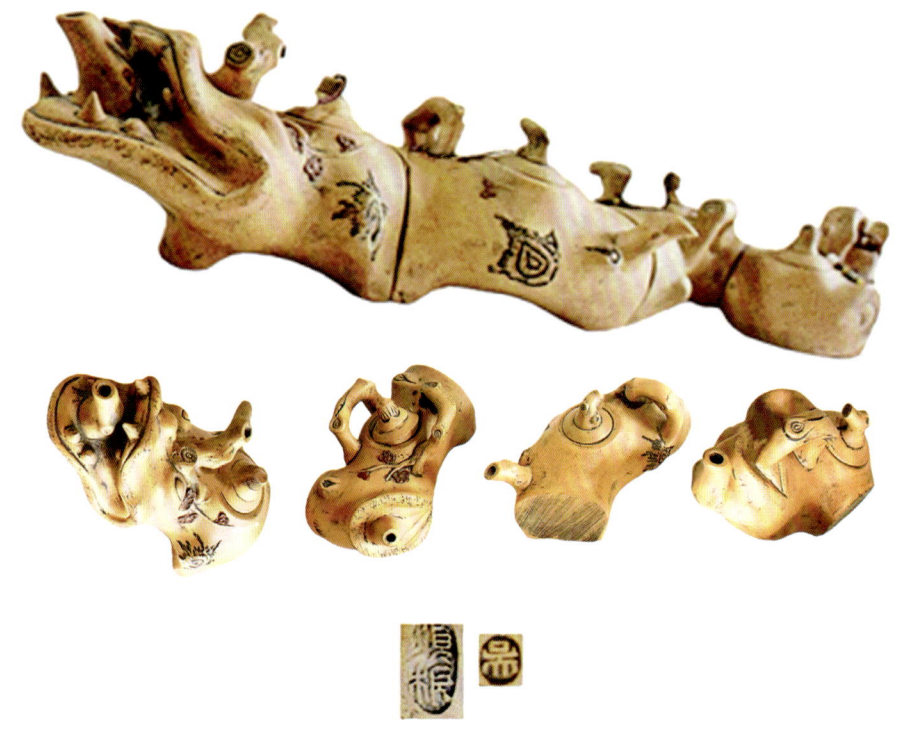

吴顺根 梅段四组合 龙壶   长：50cm

吴顺根

　　又名吴纯耿，生于中华民国五年（1916年），殁于1999年，江苏省宜兴蜀山人，曾用艺名吴澹、亨衡。他生于制壶家庭，因家贫，10岁随父吴桂生学艺。20世纪30年代中期起，其技艺渐趋成熟，成为利用公司的订坯户，并受聘江苏省宜兴陶瓷职校为工场学员作成型示范教学，为宜陶职校订货制壶屡出成效。他思维敏捷、立意新颖，造型别致，端正大方，气度饱满，线条顺畅，工整严谨，均匀协调，精工细作，茗壶作品形制不断标新立异，总是令人耳目一新，受到业界广泛好评和文人雅士的高度赞赏。所用印款均为"顺根"。进入20世纪40年代中叶，吴顺根被朱培鑫聘用，开始使用"吴澹"艺名．有时单用，有时与"顺根"合用。不久，吴顺根受聘宜兴立信陶器行主要技师，用"亨衡""纯耿"印款。"梅段四组合"凤壶，吴顺根作于中华民国三十七年（1948年），时年32岁。吴顺根是近代著名的紫砂陶艺师。

吴云根制 梭形壶   ▪长：17cm   ▪高：12cm   ▪直径：10cm

吴云根

又名芝莱，生于清代光绪十八年（1892年），殁于1969年，江苏宜兴人。清代光绪三十二年（1906年）14岁时，拜汪生义为师学习制壶技艺，中华民国四年（1915年）23岁时，被山西省平定县邀聘历时三年的制陶技师，他用当地的木炭釉炉窑烧制成类似宜兴紫砂的仿古艺术作品，得到时任山西省主席阎锡山的赏识和收藏，成为近代宜兴陶业界向外省传播紫砂技艺的杰出代表之一。中华民国十八年（1929年）在受聘于南京中央大学陶瓷科当技师时，教导徒弟制壶要讲究形似，更重神似，要懂生态规律，识其品相，从生活中体会写生，从自然中体验，从实践中融会贯通。其间他的光素器的创作更趋成熟，作品构思奇妙，温厚稳重、朴雅润泽，喜用双色泥表达主题，方中寓圆，圆中见方，浑然天成。在艺术上博采众长，蜚声壶界，享有"声名盖及师，来者有几人"出神入化之美誉。他制作的提把弧菱壶、双色竹段壶、大型竹提、传炉壶、线云壶、合菱壶等作品，曾多次选定参加国内外陶艺大展，声誉远播。他待人谦和大度，德艺俱佳，人品敦厚、朴实，大批学子在其扶植之下，步入紫砂工艺殿堂。为当今紫砂艺术界培养出了高海庚、汪寅仙、吕尧臣、葛明仙、何挺初、范洪泉等极具影响的紫砂淘艺师，足见他对紫砂艺术界的卓越贡献。吴云根是近现代著名的紫砂陶艺大师。

贡局 橄榄壶　　■长：11cm　■高：10cm　■直径：8cm

赵松亭

  名友泉，号九龄、东溪，生于清代咸丰三年（1853年），殁于中华民国二十三年（1934年），室名艺古斋，江苏宜兴人。他自幼聪颖好学，诗书绘画总是在宜兴知县每月考核生员中名列前茅。16岁时拜师邵友廷，所制的"仿古""竹鼓""隐角竹鼓壶"等茗壶款式式度端庄，大气有韵，浑朴雅致，简洁明快，使他声名大振。随后拜师吴月亭，学习镌刻，没多久就融会贯通，正式出道时，吴月亭在壶上刻下"东溪"二字，作为艺名送与赵松亭，算是高山流水知音一遇。清代光绪十九年（1893年），声誉日隆的赵松亭受清代官员、大收藏家、书画家、金石篆刻家吴大澂之聘，至吴府创作紫砂茗壶，有幸看到吴府所藏钟鼎古物及各种古陶瓷器，两年里，他的创作灵感得到升华，以"支泉"为名，制作了很受文人雅士青睐的创新茗壶作品。此间，赵松亭还精心创制了一件"紫砂瓦形枕"，题诗的一面，刻有两首五言律诗，洋洋洒洒各80个字；刻画的一面，一幅刻绘《慊慊思妇对荷伏石凝思图》，一幅刻绘《慊慊思妇袖手傍几静坐图》。落铭"雪香外史倩 东溪制"，填补了紫砂品类之空白，深得吴大澂的赞赏。他"诗书画印"的金石气、书卷气，在造型和艺术品位上无不透视出诗情画意的艺术神韵。他于清代光绪二十年（1894年）年底，辞职吴府至1925年的时段里，带着儿子赵乾泰，一边自己做壶，一边寻求外边商机。聘请邵云甫、郭其林、潘石根、金阿寿、王寅春、邵步云、沈孝陆、邵茂章等一批制壶精英，制作"独钮洋桶"出口泰国，大受欢迎。1925年，他筹集资金重建复兴窑，以明代官廷造办处"贡局"二字为商标，延聘紫砂泰斗顾景舟家中制壶客师储铭为客师，很快，"贡局"系列壶，含"宝字商标"，除供沪上茶坊酒肆热销外，还将业务发展到沪上所有租界，转手出口供不应求。此举展现了赵松亭在人生关键的转折点，审时度势，永不止步，能迸发出强大魄力，给后人留下一段紫砂陶艺的光辉外销史。不愧是杰出的紫艺制刻家、书画家、近代商界实业家。

贡局 万象回春壶　　■ 长：13cm　■ 高：7cm　■ 直径：9cm

赵松亭

　　名友泉，号九龄、东溪，生于清代咸丰三年（1853年），殁于中华民国二十三年（1934年），室名艺古斋，江苏宜兴人。他自幼聪颖好学，诗书绘画总是在宜兴知县每月考核生员中名列前茅。16岁时拜师邵友廷，所制的"仿古""竹鼓""隐角竹鼓壶"等茗壶款式式度端庄，大气有韵，浑朴雅致，简洁明快，使他声名大振。随后拜师吴月亭，学习镌刻，没多久就融会贯通，正式出道时，吴月亭在壶上刻下"东溪"二字，作为艺名送与赵松亭，算是高山流水知音一遇。清代光绪十九年（1893年），声誉日隆的赵松亭受清代官员、大收藏家、书画家、金石篆刻家吴大澂之聘，至吴府创作紫砂茗壶，有幸看到吴府所藏钟鼎古物及各种古陶瓷器，两年里，他的创作灵感得到升华，以"支泉"为名，制作了很受文人雅士青睐的创新茗壶作品。此间，赵松亭还精心创制了一件"紫砂瓦形枕"，题诗的一面，刻有两首五言律诗，洋洋洒洒各80个字；刻画的一面，一幅刻绘《慊慊思妇对荷伏石凝思图》，一幅刻绘《慊慊思妇袖手傍几静坐图》。落铭"雪香外史倩 东溪制"，填补了紫砂品类之空白，深得吴大澂的赞赏。他"诗书画印"的金石气、书卷气，在造型和艺术品位上无不透视出诗情画意的艺术神韵。他于清代光绪二十年（1894年）年底，辞职吴府至1925年的时段里，带着儿子赵乾泰，一边自己做壶，一边寻求外边商机。聘请邵云甫、郭其林、潘石根、金阿寿、王寅春、邵步云、沈孝陆、邵茂章等一批制壶精英，制作"独钮洋桶"出口泰国，大受欢迎。1925年，他筹集资金重建复兴窑，以明代官廷造办处"贡局"二字为商标，延聘紫砂泰斗顾景舟家中制壶客师储铭为客师，很快，"贡局"系列壶，含"宝字商标"，除供沪上茶坊酒肆热销外，还将业务发展到沪上所有租界，转手出口供不应求。此举展现了赵松亭在人生关键的转折点，审时度势，永不止步，能迸发出强大魄力，给后人留下一段紫砂陶艺的光辉外销史。不愧是杰出的紫艺制刻家、书画家、近代商界实业家。

国良 传炉壶　　■ 长：20cm　　■ 高：11cm　　■ 直径：13cm

俞国良

又名祖琳，生于清代同治十三年（1874年），殁于中华民国二十八年（1939年），江苏无锡人。他少年成名，技艺精湛，气格浑成，作品精美雅致，珠圆玉润，尤擅长的传炉壶，挺匀有力，古朴典雅，有着青铜器般的威严与稳重，曲线强劲有力，浑厚端正，仿佛天成，是方中有圆，圆中寓方，方圆相济的一代经典。他曾受聘至清代广东、湖南巡抚、学者、金石学家、书画家吴大澂府上用"愙斋"堂号印，创制"汉君壶""乳鼎壶""白泥大壶"等知名作品。清代光绪二十六年（1900年），为两广总督端方用"陶斋""宝华庵"印款，创作紫砂茗壶作品，名噪一时。他的传炉壶，掇球壶作品一同获中华民国四年（1915年）美国旧金山太平洋万国巴拿马博览会奖状和中华民国二十一年（1932年）美国芝加哥世界博览会金奖，及中华民国二十五年（1936年）、中华民国二十六年（1937年）获江苏省物品展览会特等奖状。俞国良前半生行踪漂泊，晚年开始定居蜀山脚下木石村，60岁时还孤身一人，在友人撮合下，与邵氏寡妇结为夫妻。对邵氏之子邵陆大、女儿邵宝琴，视如己出，每日耳提面命，必有造壶之课。中华民国二十八年（1939年），在蜀山脚下的一间屋子里，俞国良拿着毛笔颤颤巍巍在纸上书写，一张又一张，看起来有点吃力，但仍在坚持，不久他即去世。他所书写的清单，记载着六十把紫砂茗壶，都是壶底钤印回纹边框，俞国良制篆字专用印章，盖内钤印篆字国良小型方印，用这同一款识，做出不同壶式，且一壶一典故的创意，是他过去从没面世的流内独孔的优秀紫砂陶艺作品，作为传给后代的唯一遗产，谱写出紫砂陶艺史上光辉的新篇章。正如他生前为自己操办后事时说："人一生，求人不如求己。"他用65年的毕生心血，全部融入紫砂陶艺的创作之中，也为后来者留下了难得的紫艺陶技和宝贵的精神财富。近代紫砂陶艺大师顾景舟在《宜兴紫砂珍赏·紫砂陶史概论》中述："俞国良传器制作严谨，器形格调雅致，是晚于黄玉麟的名手。"俞国良是紫砂茗壶在国内外赛会获奖较多的著名紫砂陶艺大家。

冯桂林制 合欢壶　　▪ 长：16cm　▪ 高：9cm　▪ 直径：11cm

冯桂林

　　字民生，生于清代光绪二十八年（1902年），殁于中华民国三十四年（1945年），江苏宜兴周铁镇人。冯桂林是江苏省立陶器厂（利永陶工传习所）第一批艺徒，师从程寿珍、范大生等名师。他天资聪颖，学以致用并触类旁通，所制作品常常胜过同窗，表现出优秀的天赋，令人刮目相看。范大生看过他的习作，不由感叹"桂林日后必成大器"。随着素材的积累、技艺的进步，创新的意念越来越强烈，而且每次的新品设计都是先以描图勾勒记录在册页中保留下来。这些形态新颖别致、工艺精美绝伦的作品，为"桂林壶艺风格"的形成奠定了坚实基础。他刚满师时就被多家窑户看中，特聘他专门制坯，正所谓"自古英雄出少年"。他继承传统时出精品，尤以竹类植物为题材创作设计许多新壶形，如"竹根壶""圆竹段壶""松段壶""梅桩壶""三友壶""四方竹段"茗壶等，风格独特，构思巧妙，工艺精湛，且极具创新意识。他的作品曾用"卷翁""金鼎""立信"等款式作印记。一生创制紫砂精品甚多，仅新品类就达二百余种，虽然年轻却在业界享有很高的声誉。然而，他39岁离开了人世，当时宜兴陶业界十分痛惜这位紫砂英才，宜兴《民锋报》曾以半版篇幅刊载其生平事迹和艺术成就，紫砂同业工会特为其举哀。冯桂林实为继陈鸣远之后，在紫砂陶艺的立意造型上不断标新立异的少有艺术奇才。

桂林 蜂蜜罐壶 ▪ 长：13cm ▪ 高：10cm ▪ 直径：7cm

冯桂林

　　字民生，生于清代光绪二十八年（1902年），殁于中华民国三十四年（1945年），江苏宜兴周铁镇人。冯桂林是江苏省立陶器厂（利永陶工传习所）第一批艺徒，师从程寿珍、范大生等名师。他天资聪颖，学以致用并触类旁通，所制作品常常胜过同窗，表现出优秀的天赋，令人刮目相看。范大生看过他的习作，不由感叹"桂林日后必成大器"。随着素材的积累、技艺的进步，创新的意念越来越强烈，而且每次的新品设计都是先以描图勾勒记录在册页中保留下来。这些形态新颖别致、工艺精美绝伦的作品，为"桂林壶艺风格"的形成奠定了坚实基础。他刚满师时就被多家窑户看中，特聘他专门制坯，正所谓"自古英雄出少年"。他继承传统时出精品，尤以竹类植物为题材创作设计许多新壶形，如"竹根壶""圆竹段壶""松段壶""梅桩壶""三友壶""四方竹段"茗壶等，风格独特，构思巧妙，工艺精湛，且极具创新意识。他的作品曾用"卷翁""金鼎""立信"等款式作印记。一生创制紫砂精品甚多，仅新品类就达二百余种，虽然年轻却在业界享有很高的声誉。然而，他39岁离开了人世，当时宜兴陶业界十分痛惜这位紫砂英才，宜兴《民锋报》曾以半版篇幅刊载其生平事迹和艺术成就，紫砂同业工会特为其举哀。冯桂林实为继陈鸣远之后，在紫砂陶艺的立意造型上不断标新立异的少有艺术奇才。

民国三十年 掇球壶　　▪长：14cm　　▪高：10cm　　▪直径：9cm

　　东汉至今，瓷陶器向来是"瓷器注窑口，紫砂重名头"，以示其身世和身价。其中只有佛、神人物类的瓷陶圆雕品是既无窑名又无制者名头，是为显示神圣不可逾越的特殊尊严。其实陶艺师们依作品的来由和去向，依然是有序可循的。正如清末北京大学国文系教授许之衡〔清光绪三年（1877年）至民国二十四年（1935年）〕在《饮流斋说瓷》中云："瓷款之堂名、斋名者，大抵分四类，一为帝王，一为亲贵，一为名士而达官者，一为雅匠良工也。""宫廷鉴制"印、"御制"印以及"朝代年份"印的紫砂艺术制品，也从来不是一个紫砂陶艺师所能独立完成的。这些拥有高贵头衔的珍贵作品从立意造型到精细制作，都是由当时的达官贵人、文人士大夫们，同一些高知名度的陶塑大师们，绝技智慧共同升华后所产生的艺术结果。同时，也是为后人留下代表当时紫艺水平的一个宝贵典范。

跂陶 一粒珠壶　　　■ 长：16cm　　■ 高：8cm　　■ 直径：11cm

吴汉文

  号岐陶、歧陶主人、岩如主人、跂陶、企陶、松庐主人、岩如主人，曾用室名松鹤轩等印款署名。生于清代同治十三年（1874年），殁于中华民国三十年（1941年），江苏宜兴人。他自幼习文练字，具有极高的艺术天分，擅长制壶、陶刻，精擅空刻、写刻，享誉四方，阅历广博，交友甚众。他常在紫砂陶器上亲自镌铭刻画，形成独有的"岐陶刻"风格。中华民国五年（1916年），吴汉文在宜兴创办"吴德盛紫砂陶器行"，中华民国十八年（1929年）创立"金鼎"著名商标，是中国紫砂品牌史上较早具有商标意识的商号。金鼎商标将"吴德盛"三字变形组合成一只鼎形图案，四角围绕金鼎商标四字，外以圆圈作边，匠心独运，十分经典。"宝字龙印"同是"吴德盛紫砂陶器行"生产出口泰国及东南亚国家专用茗壶的著名印款。吴德盛能够风云一时，是因为在二十多年的经营中，先后聘俞国良、范大生、冯桂林、胡耀庭、邵陆大、王熙臣、储银兰等著名紫砂陶艺大师，同聘任淦庭、邵云如、卢兰芳、崔克顺、陈研卿、陈少亭等著名陶刻师，集中组织当时紫砂业的技艺精英的广泛参与，出品的紫砂作品质地精良，所刻诗画文化气息浓厚，产品远销日本及东南亚各国。据杨世明在《民国紫砂大事记》中称："中华民国十五年（1926年）吴德盛厂参送美国费城万博会的紫砂茗壶作品获金奖，成一时佳话。"随着吴德盛名号越来越响，金鼎商标品牌亦越来越香，许多书画名流汇集宜兴，与吴汉文合作，以紫砂茗壶的书画高雅，刀法遒劲，山水人物的严谨法度，名壶名刻的相得益彰，形成了集诗书画印为一体的独特民国紫砂艺术，促使那时的生活雅趣，紫砂陶人的高超技艺和艺术审美，叠加成紫砂茗壶的艺术魅力，深得民国社会上层人士的青睐。苏州著名作家范烟桥于中华民国二十三年（1934年）发表的散文《湖山壮兮洞天奇》中描述："入吴德盛陶器肆，其主人汉文，老于世故，附庸风雅"才能取得的辉煌。吴汉文是清末民初著名紫砂陶刻家、陶艺家、收藏家、实业家、陶坊主，颇负盛名的吴德盛陶器行及金鼎商标创始人。他为紫砂茗壶创立优良品牌，畅行国内外市场，作出了卓越的引领性贡献。

贡局 福水长流壶
- 长：15cm　　- 高：7.5cm　　- 直径：9cm

赵松亭

　　名友泉，号九龄、东溪，生于清代咸丰三年（1853年），殁于中华民国二十三年（1934年），室名艺古斋，江苏宜兴人。他自幼聪颖好学，诗书绘画总是在宜兴知县每月考核生员中名列前茅。16岁时拜师邵友廷，所制的"仿古""竹鼓""隐角竹鼓壶"等茗壶款式式度端庄，大气有韵，浑朴雅致，简洁明快，使他声名大振。随后拜师吴月亭，学习镌刻，没多久就融会贯通，正式出道时，吴月亭在壶上刻下"东溪"二字，作为艺名送与赵松亭，算是高山流水知音一遇。清代光绪十九年（1893年），声誉日隆的赵松亭受清代官员、大收藏家、书画家、金石篆刻家吴大澂之聘，至吴府创作紫砂茗壶，有幸看到吴府所藏钟鼎古物及各种古陶瓷器，两年里，他的创作灵感得到升华，以"支泉"为名，制作了很受文人雅士青睐的创新茗壶作品。此间，赵松亭还精心创制了一件"紫砂瓦形枕"，题诗的一面，刻有两首五言律诗，洋洋洒洒各80个字；刻画的一面，一幅刻绘《慊慊思妇对荷伏石凝思图》，一幅刻绘《慊慊思妇袖手傍几静坐图》。落铭"雪香外史倩 东溪制"，填补了紫砂品类之空白，深得吴大澂的赞赏。他"诗书画印"的金石气、书卷气，在造型和艺术品位上无不透视出诗情画意的艺术神韵。他于清代光绪二十年（1894年）年底，辞职吴府至1925年的时段里，带着儿子赵乾泰，一边自己做壶，一边寻求外边商机。聘请邵云甫、郭其林、潘石根、金阿寿、王寅春、邵步云、沈孝陆、邵茂章等一批制壶精英，制作"独钮洋桶"出口泰国，大受欢迎。1925年，他筹集资金重建复兴窑，以明代宫廷造办处"贡局"二字为商标，延聘紫砂泰斗顾景舟家中制壶客师储铭为客师，很快，"贡局"系列壶，含"宝字商标"，除供沪上茶坊酒肆热销外，还将业务发展到沪上所有租界，转手出口供不应求。此举展现了赵松亭在人生关键的转折点，审时度势，永不止步，能迸发出强大魄力，给后人留下一段紫砂陶艺的光辉外销史。不愧是杰出的紫艺制刻家、书画家、近代商界实业家。

俞国良制 龙三姐拜寿 保温壶　　■ 长：16cm　■ 高：13cm　■ 直径：10cm

俞国良

又名祖琳，生于清代同治十三年（1874年），殁于中华民国二十八年（1939年），江苏无锡人。他少年成名，技艺精湛，气格浑成，作品精美雅致，珠圆玉润，尤擅长的传炉壶，挺匀有力，古朴典雅，有着青铜器般的威严与稳重，曲线强劲有力，浑厚端正，仿佛天成，是方中有圆，圆中寓方，方圆相济的一代经典。他曾受聘至清代广东、湖南巡抚、学者、金石学家、书画家吴大澂府上用"愙斋"堂号印，创制"汉君壶""乳鼎壶""白泥大壶"等知名作品。清代光绪二十六年（1900年），为两广总督端方用"陶斋""宝华庵"印款，创作紫砂茗壶作品，名噪一时。他的传炉壶，掇球壶作品一同获中华民国四年（1915年）美国旧金山太平洋万国巴拿马博览会奖状和中华民国二十一年（1932年）美国芝加哥世界博览会金奖，及中华民国二十五年（1936年）、中华民国二十六年（1937年）获江苏省物品展览会特等奖状。俞国良前半生行踪漂泊，晚年开始定居蜀山脚下木石村，60岁时还孤身一人，在友人撮合下，与邵氏寡妇结为夫妻。对邵氏之子邵陆大、女儿邵宝琴，视如己出，每日耳提面命，必有造壶之课。中华民国二十八年（1939年），在蜀山脚下的一间屋子里，俞国良拿着毛笔颤颤巍巍在纸上书写，一张又一张，看起来有点吃力，但仍在坚持，不久他即去世。他所书写的清单，记载着六十把紫砂茗壶，都是壶底钤印回纹边框，俞国良制篆字专用印章，盖内钤印篆字国良小型方印，用这同一款识、做出不同壶式，且一壶一典故的创意，是他过去从没面世的流内独孔的优秀紫砂陶艺作品，作为传给后代的唯一遗产，谱写出紫砂陶艺史上光辉的新篇章。正如他生前为自己操办后事时说："人一生，求人不如求己。"他用65年的毕生心血，全部融入紫砂陶艺的创作之中，也为后来者留下了难得的紫砂陶技和宝贵的精神财富。近代紫砂陶艺大师顾景舟在《宜兴紫砂珍赏·紫砂陶史概论》中述："俞国良传器制作严谨，器形格调雅致，是晚于黄玉麟的名手。"俞国良是紫砂茗壶在国内外赛会获奖较多的著名紫砂陶艺大家。

豫丰 软提梁方壶
- 长：15cm
- 高：14cm
- 直径：10cm

豫丰

"豫丰"商标紫砂壶是由豫丰陶器公司生产的。该公司由清末秀才吴启南于清代宣统二年（1910）创办。吴启南是明代正德年间宜兴籍四川参政吴颐山嫡传后裔。他精通壶艺，是紫砂巨子。其母也是做坯能手，又因家境殷实是地方绅士，有能力又有条件创办豫丰陶器公司。公司的建立，开创了宜兴紫砂壶业由家庭作坊转向工厂化的先例，促进了紫砂壶业的发展。"豫丰"壶印款早期多为花边二龙戏珠，中间是满汉两种文字"豫丰"阳文方印，盖上钤葫芦形"豫丰"楷书阳文双印。辛亥革命后推翻清王朝，壶底印文中的满文去掉，仅保留汉文"豫丰"两字。"豫丰"商标在紫砂界享有盛誉。

贡局 莲子壶　　■ 长：16cm　　■ 高：8cm　　■ 直径：10cm

赵松亭

　　名友泉，号九龄、东溪，生于清代咸丰三年（1853年），殁于中华民国二十三年（1934年），室名艺古斋，江苏宜兴人。他自幼聪颖好学，诗书绘画总是在宜兴知县每月考核生员中名列前茅。16岁时拜师邵友廷，所制的"仿古""竹鼓""隐角竹鼓壶"等茗壶款式式度端庄，大气有韵，浑朴雅致，简洁明快，使他声名大振。随后拜师吴月亭，学习镌刻，没多久就融会贯通，正式出道时，吴月亭在壶上刻下"东溪"二字，作为艺名送与赵松亭，算是高山流水知音一遇。清代光绪十九年（1893年），声誉日隆的赵松亭受清代官员、大收藏家、书画家、金石篆刻家吴大澂之聘，至吴府创作紫砂茗壶，有幸看到吴府所藏钟鼎古物及各种古陶瓷器，两年里，他的创作灵感得到升华，以"支泉"为名，制作了很受文人雅士青睐的创新茗壶作品。此间，赵松亭还精心创制了一件"紫砂瓦形枕"，题诗的一面，刻有两首五言律诗，洋洋洒洒各80个字；刻画的一面，一幅刻绘《慊慊思妇对荷伏石凝思图》，一幅刻绘《慊慊思妇袖手傍几静坐图》。落铭"雪香外史倩 东溪制"，填补了紫砂品类之空白，深得吴大澂的赞赏。他"诗书画印"的金石气、书卷气，在造型和艺术品位上无不透视出诗情画意的艺术神韵。他于清代光绪二十年（1894年）年底，辞职吴府至1925年的时段里，带着儿子赵乾泰，一边自己做壶，一边寻求外边商机。聘请邵云甫、郭其林、潘石根、金阿寿、王寅春、邵步云、沈孝陆、邵茂章等一批制壶精英，制作"独钮洋桶"出口泰国，大受欢迎。1925年，他筹集资金重建复兴窑，以明代宫廷造办处"贡局"二字为商标，延聘紫砂泰斗顾景舟家中制壶客师储铭为客师，很快，"贡局"系列壶，含"宝字商标"，除供沪上茶坊酒肆热销外，还将业务发展到沪上所有租界，转手出口供不应求。此举展现了赵松亭在人生关键的转折点，审时度势，永不止步，能迸发出强大魄力，给后人留下一段紫砂陶艺的光辉外销史。不愧是杰出的紫艺制刻家、书画家、近代商界实业家。

吴云根制 绘泥方壶　　■长：17cm　■高：12cm　■直径：10cm

吴云根

  又名芝莱，生于清代光绪十八年（1892年），殁于1969年，江苏宜兴人。清代光绪三十二年（1906年）14岁时，拜汪生义为师学习制壶技艺，中华民国四年（1915年）23岁时，被山西省平定县邀聘历时三年的制陶技师，他用当地的木炭釉炉窑烧制成类似宜兴紫砂的仿古艺术作品，得到时任山西省主席阎锡山的赏识和收藏，成为近代宜兴陶业界向外省传播紫砂技艺的杰出代表之一。中华民国十八年（1929年）在受聘于南京中央大学陶瓷科当技师时，教导徒弟制壶要讲究形似，更重神似，要懂生态规律，识其品相，从生活中体会写生，从自然中体验，从实践中融会贯通。其间他的光素器的创作更趋成熟，作品构思奇妙，温厚稳重、朴雅润泽，喜用双色泥表达主题，方中寓圆，圆中见方，浑然天成。在艺术上博采众长，蜚声壶界，享有"声名盖及师，来者有几人"出神入化之美誉。他制作的提把弧菱壶、双色竹段壶、大型竹提、传炉壶、线云壶、合菱壶等作品，曾多次选定参加国内外陶艺大展，声誉远播。他待人谦和大度，德艺俱佳，人品敦厚、朴实，大批学子在其扶植之下，步入紫砂工艺殿堂。为当今紫砂艺术界培养出了高海庚、汪寅仙、吕尧臣、葛明仙、何挺初、范洪泉等极具影响的紫砂淘艺师，足见他对紫砂艺术界的卓越贡献。吴云根是近现代著名的紫砂陶艺大师。

吴云根制 仿青铜器鬲形壶　　■长：17cm　■高：13cm　■直径：12cm

吴云根

又名芝莱，生于清代光绪十八年（1892年），殁于1969年，江苏宜兴人。清代光绪三十二年（1906年）14岁时，拜汪生义为师学习制壶技艺，中华民国四年（1915年）23岁时，被山西省平定县邀聘历时三年的制陶技师，他用当地的木炭釉炉窑烧制成类似宜兴紫砂的仿古艺术作品，得到时任山西省主席阎锡山的赏识和收藏，成为近代宜兴陶业界向外省传播紫砂技艺的杰出代表之一。中华民国十八年（1929年）在受聘于南京中央大学陶瓷科当技师时，教导徒弟制壶要讲究形似，更重神似，要懂生态规律，识其品相，从生活中体会写生，从自然中体验，从实践中融会贯通。其间他的光素器的创作更趋成熟，作品构思奇妙，温厚稳重，朴雅润泽，喜用双色泥表达主题，方中寓圆，圆中见方，浑然天成。在艺术上博采众长，蜚声壶界，享有"声名盖及师，来者有几人"出神入化之美誉。他制作的提把弧菱壶、双色竹段壶、大型竹提、传炉壶、线云壶、合菱壶等作品，曾多次选定参加国内外陶艺大展，声誉远播。他待人谦和大度，德艺俱佳，人品敦厚、朴实，大批学子在其扶植之下，步入紫砂工艺殿堂。为当今紫砂艺术界培养出了高海庚、汪寅仙、吕尧臣、葛明仙、何挺初、范洪泉等极具影响的紫砂淘艺师，足见他对紫砂艺术界的卓越贡献。吴云根是近现代著名的紫砂陶艺大师。

吴云根制 福禄寿壶　　■长：18cm　■高：16cm　■直径：11cm

吴云根

又名芝莱，生于清代光绪十八年（1892年），殁于1969年，江苏宜兴人。清代光绪三十二年（1906年）14岁时，拜汪生义为师学习制壶技艺，中华民国四年（1915年）23岁时，被山西省平定县邀聘历时三年的制陶技师，他用当地的木炭釉炉窑烧制成类似宜兴紫砂的仿古艺术作品，得到时任山西省主席阎锡山的赏识和收藏，成为近代宜兴陶业界向外省传播紫砂技艺的杰出代表之一。中华民国十八年（1929年）在受聘于南京中央大学陶瓷科当技师时，教导徒弟制壶要讲究形似，更重神似，要懂生态规律，识其品相，从生活中体会写生，从自然中体验，从实践中融会贯通。其间他的光素器的创作更趋成熟，作品构思奇妙，温厚稳重、朴雅润泽，喜用双色泥表达主题，方中寓圆，圆中见方，浑然天成。在艺术上博采众长，蜚声壶界，享有"声名盖及师，来者有几人"出神入化之美誉。他制作的提把弧菱壶、双色竹段壶、大型竹提、传炉壶、线云壶、合菱壶等作品，曾多次选定参加国内外陶艺大展，声誉远播。他待人谦和大度，德艺俱佳，人品敦厚、朴实，大批学子在其扶植之下，步入紫砂工艺殿堂。为当今紫砂艺术界培养出了高海庚、汪寅仙、吕尧臣、葛明仙、何挺初、范洪泉等极具影响的紫砂淘艺师，足见他对紫砂艺术界的卓越贡献。吴云根是近现代著名的紫砂陶艺大师。

贡局 凹线梨形壶   ▪长：13cm   ▪高：9cm   ▪直径：8cm

赵松亭

  名友泉，号九龄、东溪，生于清代咸丰三年（1853年），殁于中华民国二十三年（1934年），室名艺古斋，江苏宜兴人。他自幼聪颖好学，诗书绘画总是在宜兴知县每月考核生员中名列前茅。16岁时拜师邵友廷，所制的"仿古""竹鼓""隐角竹鼓壶"等茗壶款式度端庄，大气有韵，浑朴雅致，简洁明快，使他声名大振。随后拜师吴月亭，学习镌刻，没多久就融会贯通，正式出道时，吴月亭在壶上刻下"东溪"二字，作为艺名送与赵松亭，算是高山流水知音一遇。清代光绪十九年（1893年），声誉日隆的赵松亭受清代官员、大收藏家、书画家、金石篆刻家吴大澂之聘，至吴府创作紫砂茗壶，有幸看到吴府所藏钟鼎古物及各种古陶瓷器，两年里，他的创作灵感得到升华，以"支泉"为名，制作了很受文人雅士青睐的创新茗壶作品。此间，赵松亭还精心创制了一件"紫砂瓦形枕"，题诗的一面，刻有两首五言律诗，洋洋洒洒各80个字；刻画的一面，一幅刻绘《慊慊思妇对荷伏石凝思图》，一幅刻绘《慊慊思妇袖手傍几静坐图》。落铭"雪香外史倩 东溪制"，填补了紫砂品类之空白，深得吴大澂的赞赏。他"诗书画印"的金石气、书卷气，在造型和艺术品位上无不透视出诗情画意的艺术神韵。他于清代光绪二十年（1894年）年底，辞聘吴府至1925年的时段里，带着儿子赵乾泰，一边自己做壶，一边寻求外边商机。聘请邵云甫、郭其林、潘石根、金阿寿、王寅春、邵步云、沈孝陆、邵茂章等一批制壶精英，制作"独钮洋桶"出口泰国，大受欢迎。1925年，他筹集资金重建复兴窑，以明代官廷造办处"贡局"二字为商标，延聘紫砂泰斗顾景舟家中制壶客师储铭为客师，很快，"贡局"系列壶，含"宝字商标"，除供沪上茶坊酒肆热销外，还将业务发展到沪上所有租界，转手出口供不应求。此举展现了赵松亭在人生关键的转折点，审时度势，永不止步，能迸发出强大魄力，给后人留下一段紫砂陶艺的光辉外销史。不愧是杰出的紫艺制刻家、书画家、近代商界实业家。

俞国良制（国际金奖）掇球壶　　■ 长：19cm　　■ 高：14cm　　■ 直径：14cm

俞国良

  又名祖琳，生于清代同治十三年（1874年），殁于中华民国二十八年（1939年），江苏无锡人。他少年成名，技艺精湛，气格浑成，作品精美雅致，珠圆玉润，尤擅长的传炉壶，挺匀有力，古朴典雅，有着青铜器般的威严与稳重，曲线强劲有力，浑厚端正，仿佛天成，是方中有圆，圆中寓方，方圆相济的一代经典。他曾受聘至清代广东、湖南巡抚、学者、金石学家、书画家吴大澂府上用"愙斋"堂号印，创制"汉君壶""乳鼎壶""白泥大壶"等知名作品。清代光绪二十六年（1900年），为两广总督端方用"陶斋""宝华庵"印款，创作紫砂茗壶作品，名噪一时。他的传炉壶，掇球壶作品一同获中华民国四年（1915年）美国旧金山太平洋万国巴拿马博览会奖状和中华民国二十一年（1932年）美国芝加哥世界博览会金奖，及中华民国二十五年（1936年）、中华民国二十六年（1937年）获江苏省物品展览会特等奖状。俞国良前半生行踪漂泊，晚年开始定居蜀山脚下木石村，60岁时还孤身一人，在友人撮合下，与邵氏寡妇结为夫妻。对邵氏之子邵陆大、女儿邵宝琴，视如己出，每日耳提面命，必有造壶之课。中华民国二十八年（1939年），在蜀山脚下的一间屋子里，俞国良拿着毛笔颤颤巍巍在纸上书写，一张又一张，看起来有点吃力，但仍在坚持，不久他即去世。他所书写的清单，记载着六十把紫砂茗壶，都是壶底钤印回纹边框，俞国良制篆字专用印章，盖内钤印篆字国良小型方印，用这同一款识、做出不同壶式、且一壶一典故的创意，是他过去从没面世的流内独孔的优秀紫砂陶艺作品，作为传给后代的唯一遗产，谱写出紫砂陶艺史上光辉的新篇章。正如他生前为自己操办后事时说："人一生，求人不如求己。"他用65年的毕生心血，全部融入紫砂陶艺的创作之中，也为后来者留下了难得的紫艺陶技和宝贵的精神财富。近代紫砂陶艺大师顾景舟在《宜兴紫砂珍赏·紫砂陶史概论》中述："俞国良传器制作严谨，器形格调雅致，是晚于黄玉麟的名手。"俞国良是紫砂茗壶在国内外赛会获奖较多的著名紫砂陶艺大家。

范大生制 孙中山纪念壶　　▪ 长：15cm　▪ 高：11cm　▪ 直径：16cm

范大生

　　字绳武，号承甫，生于清代同治十三年（1874年），殁于中华民国三十一年（1942年）。江苏宜兴人。师从紫砂名家范鼎甫。善制"合菱""合桃""竹鼓""鱼化龙"等壶，作品生动传神，富有情趣，享有"千金易得，大生壶难求"之美誉。曾受聘于《宜兴利永陶业公司》《吴德盛陶号》《上海铁画轩》等陶器公司制壶。"孙中山纪念壶"是范大生一生中的重大力作，创作于孙中山逝世一周年之际，壶盖内分别钤印篆体范字无边框小方印，楷书大生二字无边框长方小印，壶底钤印，使用雕刻的孙中山肖像，处于中间位置，右书"革命尚未成功"，左书"同志仍须努力"，顶书"天下为公"，均为仿孙文字体，集为一体的大边框方形印鉴。壶体左侧右向横书"三民主义学说"，壶体右侧左向横书"民族民权民主"，收尾处竖书"孙文"二字，全用行书字体。孙中山，名文，字载之，号日新，又号逸仙，又名帝象，化名中山樵。生于清代同治五年（1866年），逝世于中华民国十四年（1925年）。此壶流传至今天，有着特别存在的重要意义。值得一提的是，范大生精心创作的大型陶塑"雄鹰"，曾在中华民国二十四年（1935年）英国伦敦艺术博览会上获得金奖。范大生是近代著名紫砂陶艺师。

大生 梅花傲雪壶   ▪ 长：23cm   ▪ 高：9cm   ▪ 直径：12cm

范大生

　　字绳武，号承甫，生于清代同治十三年（1874年），殁于中华民国三十一年（1942年）。世居宜兴丁蜀西望圩村。师从紫砂名家范鼎甫。善制"合菱""合桃""竹鼓""鱼化龙"等壶，作品生动传神，富有情趣，享有"千金易得，大生壶难求"之美誉。曾受聘于宜兴利永陶业公司、吴德盛陶号、上海铁画轩等陶器公司制壶。值得一提的是，他精心创作的大型陶塑"雄鹰"曾于中华民国二十四年（1935年）在英国伦敦艺术博览会上获得金奖。范大生是近代著名紫砂陶艺师。

景舟手制 珐琅彩绘六方壶   ■ 长：16cm   ■ 高：11cm   ■ 直径：8cm

顾景舟

原名景洲，早年曾用艺名曼晞、武陵逸人、荆南山樵、瘦萍，晚年爱用壶叟、老萍。生于中华民国四年（1915年），殁于1996年，江苏宜兴人。少年就读蜀山东坡学院，18岁时在家继承祖业随祖母邵氏制坯，亦承袭家中制壶客师储铭的诀窍，并博览古今紫砂制陶名著，汲取前人精华，练就一手扎实的制壶技艺，跻身于壶艺名家之列。他壶艺的成就很高，取材广泛，整体造型古朴典雅，器形雄健严谨，线条流畅和谐，典雅而深意无穷，散发浓郁的东方艺术特色，所制之器脱俗朴雅，仪态纷呈，堪称"集紫艺之大成，刷一代纤巧糜繁之风"。1985年，他担任宜兴紫砂研究所所长，积极引导技术人员参加出国展览，并亲自撰写文章、图册，亲手制作作品，将紫砂艺品从商品化宣传上升到艺术品的文化层次。1988年4月，国家轻工业部授予他"中国工艺美术大师"的光荣称号。1992年，在宜兴第三届陶艺节紫砂国际文化研讨会上，他发表了《紫砂陶史概论》。他的精辟论述，受到紫砂陶艺界人士的好评，他在垂暮之年，将自己一生几十年的创作实践经验总结归纳，亲自编著《宜兴紫砂珍赏》巨著，由香港三联书店出版发行，在紫砂陶史上写下了光辉的一页。顾景舟穷毕生精力于紫砂陶艺，不断进取，勇于创新，并带领几代人为紫砂事业增光添彩。他以博大的胸怀和精湛的技术，在紫砂发展史上写下了辉煌的篇章，不愧为一座重要的里程碑，被海内外艺术界专家誉为"壶艺泰斗"。

顾景舟 螺形六件套茶具　　■长：31cm　■高：13cm　■直径：24cm

"茶香温馨月近人" 为顾景舟题款，（造于中华民国三十六年，作者时年32岁。）

顾景舟

　　原名景洲，早年曾用艺名曼晞、武陵逸人、荆南山樵、瘦萍，晚年爱用壶叟、老萍。生于中华民国四年（1915年），殁于1996年。江苏宜兴人。少年就读蜀山东坡学院，18岁时在家继承祖业随祖母邵氏制坯，亦承袭家中制壶客师储铭的诀窍，并博览古今紫砂制陶名著，汲取前人精华，练就一手扎实的制壶技艺，跻身于壶艺名家之列。他壶艺的成就很高，取材广泛，整体造型古朴典雅，形器雄健严谨，线条流畅和谐，典雅而深意无穷，散发浓郁的东方艺术特色，所制之器脱俗朴雅，仪态纷呈，堪称"集紫艺之大成，刷一代纤巧糜繁之风"。1985年，他担任宜兴紫砂研究所所长，积极引导技术人员参加出国展览，并亲自撰写文章、图册，亲手制作作品，将紫砂艺品从商品化宣传上升到艺术品的文化层次。1988年4月，国家轻工业部授予他"中国工艺美术大师"的光荣称号。1992年，在宜兴第三届陶艺节紫砂国际文化研讨会上，他发表了《紫砂陶史概论》。他的精辟论述，受到紫砂陶艺界人士的好评，他在垂暮之年，将自己一生几十年的创作实践经验总结归纳，亲自编著《宜兴紫砂珍赏》巨著，由香港三联书店出版发行，在紫砂陶史上写下了光辉的一页。顾景舟穷毕生精力于紫砂陶艺，不断进取，勇于创新，并带领几代人为紫砂事业增光添彩。他以博大的胸怀和精湛的技术，在紫砂发展史上写下了辉煌的篇章，不愧为一座重要的里程碑，被海内外艺术界专家誉为"壶艺泰斗"。

后　记

　　本书中的 200 只名紫砂壶，截至民国三十七年（1948 年），其中，明代 33 只，清代 138 只，民国 29 只，是本人 1100 余只藏品中，经十多年面向社会大众，及北京、上海、台湾等地专业学者们不断地研究后，严格筛选定级，方能列入本书的名人名品。

　　明代的供春、元畅、赵梁、时鹏、时大彬、欧正春、陈用卿、李茂林、李仲芳、邵亨祥、邵文银、陈仲美、徐友泉、沈君盛，共 14 人。以及大明年份款、宫廷御制款二个字号。

　　清代的陈子畦、陈鸣远、邵盘珍、丁谦六、凌万兴、陈光明、邵景南、惠孟臣、陈曼生、杨彭年、杨凤年、王南林、黄玉麟、何心舟、邵友廷、邵旭茂、荆溪人家、李鲦、窨斋、冰心道人、陈正酉、逸公、杨忠纳、邵友泉、华凤祥、陈文伯、邵大亨、潘富鼎、黄彭年、陈汉文、陈砚卿、申锡共 33 人，以及清德堂、履泰字号、阿曼陀室 3 个堂号和大清年份款、宫廷御制款、宫廷监制款共 19 个字号。

　　民国的俞国良（国际金奖获得者）、赵松亭、吴汉文、俞国良、吴云根、蒋燕亭、吴顺根、冯桂林、范大生（国际金奖获得者）、顾景舟共 9 人。另有豫丰、铁画轩、金鼎、宝字龙款、贡局、民国三十、民国十八共 7 个堂号和字号。

　　陶艺师们紧紧抓住明代早期由煮茶改为泡茶的千载良机，他们一个个、一代代争奇斗艳，大展身手，保持了紫砂茗壶的隔夜茶仍可享用的独到特质。

　　陶艺师们用琢玉精神，彰显文化内涵，在创作了紫砂茗壶实用壶的同时，还创作了体现民族魂的观赏壶、一壶二茶太极壶、上壶下炉保温壶、羊首敞开式茶盏、多种形态套壶，开创了多重功能之先河，造就了这一历史时期特有的紫砂风骨和紫砂的文化特征。

　　陶艺师们依托明代、清代、民国，儒、道、佛教三合一的社会文化背景，催生的巨大想象空间和艺术创作魅力，制作出本书中的青龙、白虎、朱雀、玄武四大神兽类 54 只，仿青铜器、动、植物类 72 只，儒、道、佛教类 74 只的造型特征，使极致的紫砂陶艺智慧焕发出一个洒脱超然的辉煌发展时代。

　　陶艺师们把文人墨客的书画情怀，玉雕、木雕中的浮雕、透雕、圆雕、薄意雕的人物、花草、山水、神兽等形态，巧妙地应用于作品。让形态表达思想，思想创造艺术，艺术丰富想象，想象成就作品的生命力，生命力在于上能进宫献帝王，下到百姓入厅堂。用一丝一扣的严谨，展现作品的雅致和时代印记，以及独有的格调定位，在紫砂陶艺史上具有一定的意义。

　　长期以来各类紫砂作品的文字记载中，有其品名而不见其物品，有作者简介而不见其作品，本书问世证实了名师名品在历史的长河中存在的真实性、唯一性和代表性，是一次历史性的颠覆。

　　在此，深切感谢中国轻工业出版社、上海电视台、《新民晚报》《劳动报》等媒体的大力支持，以及上海市收藏协会、浦东新区收藏协会、湖北省府驻沪办、上海市湖北商会、上海市浙江商会和全国各地广大藏友的热情关怀和帮助。

辛丑年春节　岩泉　于上海文藏阁

图书在版编目（CIP）数据

中国紫砂名壶 / 岩泉著. —北京：中国轻工业出版社，2023.1
ISBN 978-7-5184-4104-4

Ⅰ.①中… Ⅱ.①岩… Ⅲ.①紫砂陶—陶瓷茶具—鉴赏—中国—图集 Ⅳ.①K876.32

中国版本图书馆CIP数据核字(2022)第152778号

责任编辑：刘忠波　　责任终审：李建华　　整体设计：知壹文化
策划编辑：刘忠波　　责任校对：吴大朋　　责任监印：张京华

出版发行：中国轻工业出版社（北京东长安街6号，邮编：100740）
印　　刷：鸿博昊天科技有限公司
经　　销：各地新华书店
版　　次：2023年1月第1版第1次印刷
开　　本：889×1194　1/16　印张：13.25
字　　数：240千字
书　　号：ISBN 978-7-5184-4104-4　定价：208.00元
邮购电话：010-65241695
发行电话：010-85119835　传真：85113293
网　　址：http://www.chlip.com.cn
Email：club@chlip.com.cn
如发现图书残缺请与我社邮购联系调换
220426S5X101ZBW

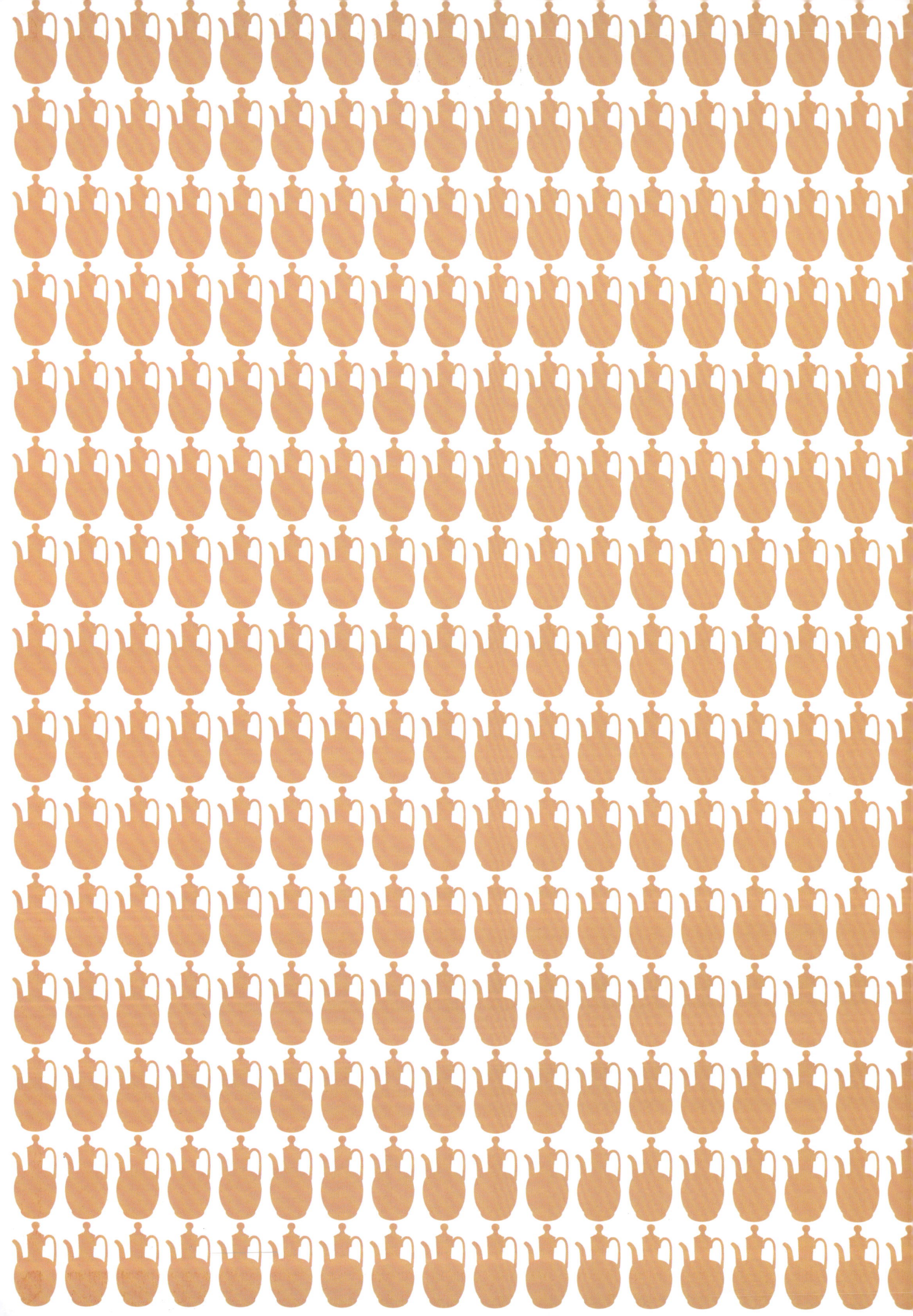